本成果获得中国人民大学2021年度
"中央高校建设世界一流大学（学科）和
特色发展引导专项资金"支持

中国古代物质文化常识

初编

姜萌 主编

生活·讀書·新知 三联书店

Simplified Chinese Copyright © 2022 by SDX Joint Publishing Company.
All Rights Reserved.
本作品简体中文版权由生活·读书·新知三联书店所有。
未经许可，不得翻印。

图书在版编目（CIP）数据

中国古代物质文化常识：初编／姜萌主编．—北京：
生活·读书·新知三联书店，2022.7
ISBN 978 – 7 – 108 – 07170 – 5

Ⅰ．①中… Ⅱ．①姜… Ⅲ．①物质文化 – 文化史 – 史料 – 中国 – 古代 Ⅳ．① K220.3

中国版本图书馆 CIP 数据核字（2021）第 109876 号

责任编辑	张	龙
装帧设计	薛	宇
责任校对	陈	明
责任印制	宋	家

出版发行 生活·讀書·新知 三联书店
　　　　　（北京市东城区美术馆东街 22 号 100010）
网　　址 www.sdxjpc.com
经　　销 新华书店
制　　作 北京金舵手世纪图文设计有限公司
印　　刷 天津图文方嘉印刷有限公司
版　　次 2022 年 7 月北京第 1 版
　　　　　2022 年 7 月北京第 1 次印刷
开　　本 720 毫米 × 1020 毫米 1/16 印张 18.5
字　　数 260 千字 图 300 幅
印　　数 0,001 – 5,000 册
定　　价 89.00 元

（印装查询：01064002715；邮购查询：01084010542）

"走进历史现场" 系列说明

改革开放的四十多年，是中国历史上前所未有的高速发展的四十多年。中国各方面都发生了日新月异的变化，科技和文化的发展正在快速重构人们的生活、学习和思维方式。这种高速发展对历史知识的学习也带来了严重的挑战——历史知识与生活经验出现了巨大隔膜。

众所周知，从上古时期一直到改革开放初期，中国文明主要是以小农经济为核心的农耕文明，中国人民的历史创造是以农耕文明为基础的创造。作为这种历史创造反映的历史知识，自然也不能脱离农耕文明的语境。无论是政治体制、社会结构还是思想文化、生活习俗，一旦脱离农耕文明的语境就很难理解。但是随着四十余年的高速发展，中国的社会经济形态发生了质的变化，从以农业经济为主转变为工业和服务业为主，从传统的农耕文明转变为工业文明。

伴随着这种巨大转变，传统的生产生活形态、传统的物质遗存、传统的观念意识，都在快速消退。当代大多数大学生出生在新世纪的城镇中，对传统农耕文明的生产生活形态、观念习俗等几乎没有感性的认知。在学生培养过程中，我们越来越感受到目前历史学类本科人才培养不仅要帮助学生建立知识体系，更要帮助学生养成历史感。没有良好的历史感，知识就无法感性立体，学生就很难对历史有同情之理解，温情之敬意，更不要说"在历史场景中认知历史"。

有鉴于此，中国人民大学历史学院近些年来着力构建多层次的历史现场教学体系。为了让现场教学效果更好，学院特别邀请几十位校内外专家担任历史现场教学指导教师，或为同学们现场讲解指导，或为同学们开设讲座，或为同学们开列导引文献。在相关工作开展过程中，学院与三联书店协商，力争将学院主持的历史现场教学成果，转化为一系列通俗易懂的出版物。一方面,这些书籍可以长久作为学院学生历史现场教学的教科书。另一方面,这些书籍也可以作为广大喜爱中国文化读者学习历史的入门读物。

在信息化时代,信息的获取变得更加容易,但是信息干扰也愈加严重。揭示中华文化基因,弘扬中华优秀传统文化,提升人民群众的文化自信,需要大学和出版社组织学有专长的专家学者开展优秀历史文化普及工作,为人民群众提供通俗易懂又权威正确的知识信息。"走进历史现场系列"将由中国人民大学历史学院与三联书店联合把关,力争为读者持续贡献有趣、易懂、正确、权威的历史文化知识,帮助更多人"走进历史现场",深刻感受祖国源远流长的历史文化!

编者识
2021 年 3 月 8 日

目　录

1	第一讲	**藏形与安魂**
		——中国古代墓葬的功能与礼仪空间　李梅田
47	第二讲	**相好庄严**
		——中国佛教造像散论　张建宇
149	第三讲	**从藏礼于器到比德于玉**
		——中国玉文化传统的起源和早期发展　秦岭
191	第四讲	**和而不同**
		——中国古代建筑中的序与道　徐怡涛
225	第五讲	**石中乾坤**
		——中国中古时代的石刻形制　夏炎
253	第六讲	**多元一体**
		——中国史前彩陶的起源、发展与交流　韩建业
282	编后记　姜萌	

第一讲

藏形与安魂
——中国古代墓葬的功能与礼仪空间

中国人民大学通识系列讲座

中国物质文化常识系列 —— 第一讲

主讲人

李梅田教授
中国人民大学历史学院

藏形与安魂：中国古代墓葬的功能与礼仪空间

主讲人简介：
李梅田，中国人民大学历史学院考古文博系教授、博士生导师，毕业于北京大学考古文博学院，曾在湖北省宜昌博物馆、北京师范大学工作，在美国加州大学洛杉矶分校、斯坦福大学、韩国釜山大学等国外机构访学。主要研究方向为汉唐考古，著有《魏晋北朝墓葬的考古学研究》《中国古代物质文化史·魏晋南北朝》等论著。

讲座内容：
考古发现的墓葬是关于死亡的遗存，是古代丧葬礼仪及生死观的实物呈现。中国古代墓葬的丧葬礼仪空间经过了由封闭向开放的转变，反映了生死观念及墓葬功能的演变，封闭性墓葬以藏形为目的，强调生死有别，开放性墓葬兼具藏形与安魂目的，强调生死沟通，这种变化是社会变迁及主流思想作用于丧葬的结果。

时间
9/19
14：00–16：30

地点
公教一楼多媒体教室1305

主持人
姜萌副教授（中国人民大学）

主办单位： 中国人民大学 教务处　中国人民大学 历史学院

这次系列讲座的主题是"中国古代物质文化",实际就是考古学的系列讲座。考古学是对古代物质遗存的研究,是通过古代物质遗存探讨古代的人与社会,所以,这个系列讲座的内容都属于考古学的范畴。

考古学以古代物质遗存作为研究对象,但是我们讨论的问题不应该仅限于物质文化,我们也要讨论精神文化。目前中国考古学的发展已经进入转型时期,我认为一个重要的转变应该是从物质文化转向对精神文化的探讨,讨论人类的观念、信仰、思想的变迁。事实上,对于精神文化的探讨,是我们所有人文学科共同的目标,不管是文史哲还是美术史,我们最终的研究都是要落到"人"本身,探讨人自身的发展演变,人类世界观、价值观等精神方面的内容。对考古学来说,我们的一个重要任务就是通过对物质遗存的分析,探讨古代社会的变迁、观念的发展,寻找人类社会和观念发展的规律,理解古代社会的复杂性和价值观的多元性。这也是我们的重要目标。

今天我讲的内容是古代墓葬,这是考古学中最常见、最综合的一类实物材料,很多人说考古学就是墓葬的考古学,因为墓葬在考古材料里太常见、太丰富,也太重要了。我们对墓葬的重视,是因为墓葬材料最生动、最客观地反映了古代的社会,它不仅反映了古代的物质文化面貌,也蕴含了古人的思想、观念、信仰。但是,目前考古学者们对墓葬的研究,多数还是关注它的物质文化层面,对它蕴含的丧葬观念及与思想史的关系还关注不够,我今天的讲座希望从这个角度来解读中国古代墓葬,侧重于从观念发展的角度解读中国古代墓葬的空间形态。

一 追问墓葬

这是中国考古史上一个非常重要的发现——1987年发现的湖北荆门包山楚墓(图1-1),当时是为了修铁路进行的抢救性发掘,一共发掘了5座墓,这是2号墓,也是最大的一座墓。这座墓之所以重要,

图1-1　包山楚墓发掘现场（采自《包山楚墓》，1991）

不仅因为它规模大（墓口面积超过1000平方米，13米多深，有14级台阶），而且因为它保存得非常完整，出土了完整的棺椁，还出土了将近2000件随葬品，主要是青铜器和漆木器，另外还有2000多枚竹简，是一批非常重要的战国时期文献。这座墓的修建方法是先挖一个大坑，然后在坑里用木头搭建棺椁，下葬完成后逐层填实墓坑，地面上再加一个封土（坟丘），将墓室空间完全封闭。

从当时的发掘现场可以看到，围观者相当多，据说发掘期间前往参观的人数累计达到三万多人。这么多围观的人，除了对庞大的规模、精美的随葬品感到震惊外，心中一定充满了各种各样的疑问：这是谁的墓？什么时代的墓？为什么要以这种方式进行埋葬？墓主人生前的生活状态是怎样的？当时的社会又是怎样的？他（她）又是如何看待死亡的？

其实，这些疑问也是每一位考古学家试图回答的问题。通过对墓葬空间形态、随葬品组合、文字的分析，考古学家已经可以轻易得到这样的认识：这是一座战国中期偏晚阶段下葬的墓葬，时间界定若更准确一点，是公元前316年。它的主人是楚国的一位左尹，是主管法律事务的高级官吏。但是除此之外，关于这座墓葬还有更多更深层次的问题，如它包含的丧葬礼仪、反映的生死观等问题。这些问题不是那么轻易有答案的，而这正是考古学需要探讨的问题，也是我们研究墓葬的缘起。

南朝刘宋初年的元嘉元年（5世纪初期），彭城王刘义康整修他的东府城时发现了一座古墓，有点像现在的基本建设中的考古发现。他们出于对死者的尊重，对古墓进行了妥善的处理，给予了重新安葬，还进行了祭奠，并且让一位非常有文采的文士做了详细的记录，留下了一篇文采斐然的名篇，这就是我们在《昭明文选》里读到的那篇美文《祭古冢文》。根据这篇文章，我们知道这座古冢没有封土，也就是地面上没有任何坟丘类的标识，也没有发现砖瓦，墓里发现一椁二棺，棺上有图画，墓里还发现了一些随葬器物，如二十余件木俑、五铢钱以及各类果实、食物的残骸，但没有发现墓志，这种墓葬结构、图画和随葬器物，对南朝的发现者来说非常陌生，因为他们已经不采取这种埋葬方式了。但是根据这些记录，作为考古学者的我们，今天可以很容易地判断出这是一座西汉时期的墓葬，墓主是一位具有一定身份的官员，采取了西汉时期典型的埋葬方式。假如我们有机会对出土的食物残骸进行分析鉴定，对棺上的图画、随葬器物进行研究，还可以得到更多更详细的信息，对墓葬的主人及所处的社会可以有更全面的了解。但是这些信息对南朝的彭城王来说完全不可能知道，他们对墓葬的情况一无所知，所以他们出于本能的好奇，提出了一连串疑问：生自何代？曜质几年？潜灵几载？为寿为夭？宁显宁晦？今谁子后？曩谁子先？功名美恶，如何蔑然？

这些都是对墓主人生前生活的追问：哪个朝代的人？阳寿几何？生前显贵还是贫贱？父母子女都是谁？如何评价他（她）的一生？5世纪的南朝人由一堆残留的墓葬实物想到了四五百年前的墓葬背后的人，这跟我们今天所说的"透物见人"类似，是一种考古学式的追问。

对于这座古墓，我们今天有了很多的对比材料，比南朝人自然要知道的多得多，同时需要思考的问题也会多得多，其中一个很有意思的问题可能是：南朝人在重新安葬和祭祀这座古墓时，一定是按照当时他们熟知的礼仪和方式，也就是用南朝的礼仪来处理汉代的丧葬，其间差了四五百年，他们是否意识到这种方式的合理性？是否意识到南朝与汉代在礼仪形式和生死观上已经大不相同？又是什么原因造成了丧葬形式的改变并导致他们对这座古冢的完全陌生？

我们再看一座墓葬。

长沙马王堆一号墓非常有名（图1-2），就是出土了保存完好的西汉女尸的那座墓。它是1972年"文化大革命"期间发掘的，当时中国几乎所有的学术活动都陷入了停顿，但非常有意思的是，这个时期

图1-2　长沙马王堆一号汉墓（《长沙马王堆一号汉墓》，1973）

有一些非常重要的考古发现，比如秦始皇陵兵马俑坑、曾侯乙墓、满城汉墓（发现完整金缕玉衣的那座墓），还有安阳殷墟小屯南地甲骨窖穴，等等，都是"文革"期间的60年代末至70年代初期发现的，每个发现都是震惊世界的。

这座墓葬之所以著名，除了保存非常完好的尸体，还因为发现了很多从未见过的文物：器物、帛画、简牍、应有尽有的生活用品和食物残留，直到今天，各个学科的学者还在乐此不疲地讨论，而且每每都能提出新的认识。墓葬的年代与南朝彭城王发现的那座墓差不多，我们通过各种手段，解决了很多南朝人不能解决的疑问。比如，我们知道这座墓葬的主人是西汉长沙国丞相轪侯的夫人，是一位锦衣玉食、生活精致而奢侈的贵妇，大约50岁去世，A型血，生前患有冠心病等多种疾病，死在西汉文帝时期（公元前168年左右）一个瓜果飘香的夏季，因为她的胃里还有没有消化的水果果实，可能刚吃完不久，因为消化不良引发冠心病去世了。我们对她的身世可以从出土的简牍文字来判断，对她的健康状况可以通过尸检来获得，对她生前生活状态可以根据随葬的物品来推测。通过这些方式，我们可以真实而生动地复原出这位轪侯夫人曾经的生活。

但是，我们对墓葬的研究，不仅要关注墓葬主人的个人生活，更需要关注她背后的社会，因此我们还有很多需要讨论的问题：西汉文帝时期的人是如何看待死亡的？棺椁里堆满了应有尽有的物品，用竹编的箱子打包得严严实实，上面还挂着木块写的标签，就像是打包准备远行一样，那么他们要去哪儿呢？当然是去往来世，那么，他们的来世是什么样的？他们的来世观又是怎么形成的？

这是在广州发现的一座大墓（图1-3），也是西汉时期的，比马王堆汉墓晚了几十年（前122年），由于出土了"文帝行玺""赵眜"等金印，所以墓主的身份非常明确，是西汉初期南越国第二代国王赵眜，这座墓可以说是岭南地区非常有历史价值的大墓，反映了秦汉时期中央王朝在岭南地区的统治和开发史实，所以1983年发掘结束后，特别建立一座博物馆，即西汉南越王博物馆。这座墓葬虽然只比马王堆汉墓晚了四十多年，同属西汉前期，但在形制结构上差别非常大：

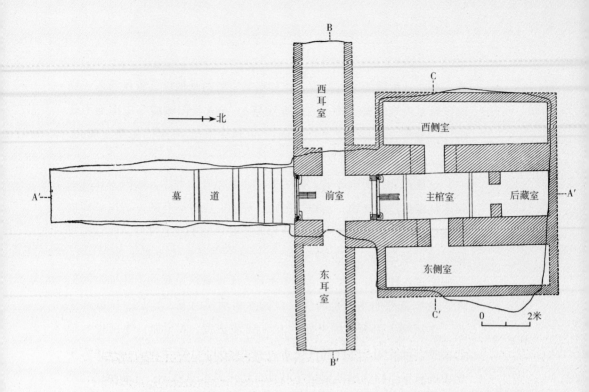
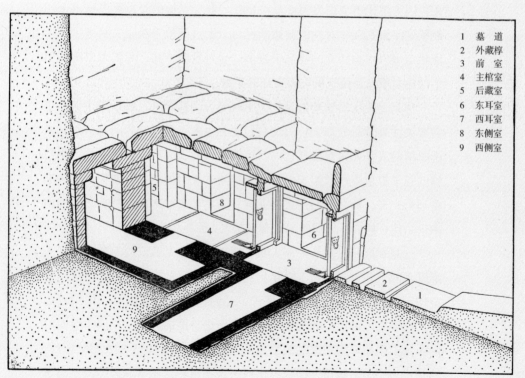

图 1-3 西汉南越王墓平面图及透视图（《西汉南越王墓》，1991）

马王堆汉墓是一个长方形的土坑，在坑里用巨大的木头搭建井字形的框架，里面分别放置套棺和各类随葬物品，这种结构由于木椁像"井"字形，也叫作竖穴土坑井椁墓，这种墓葬的特点是全封闭，葬完以后再也不会开放了。而南越王墓不一样，它是在山崖上劈开山石建造的墓室，叫作"凿山为藏"，一共凿出来7个墓室，沿着以墓道为轴的轴线安排墓室，前面是前室，后面是放置棺木的主棺室，前室的两侧、主棺室的两侧和主棺室后部是放置不同类别随葬品的房间，像仓库一样，显然这种设计是模拟生前人居建筑的结构，即中国古代宅第设计中的"前堂后寝"结构。

那么，我们又需要追问，从马王堆汉墓到南越王墓，设计理念上为何发生了这么大的变化？

一座位于河北南部磁县6世纪中期的大墓，是南北朝时期北朝的东魏孝静帝陵墓。像这样的高高隆起、像馒头一样的冢在华北和中原的平原地区非常醒目，公路两旁经常能看到类似的土堆，它们都是人工垒筑起来的墓葬封土，虽然经过了一千多年，但仍然还是非常壮

图1-4　唐太宗昭陵远景图

图1-5、图1-6　蒙古草原赫利克苏尔式墓

观、非常醒目，一眼就可以看出这是一座大型古墓，它有明确的标识作用。那么古人为什么要在墓地建造这种标识呢？

到了唐代，封土变得更加壮观，如唐太宗的昭陵，就是以一座高山作为它的封土，叫"依山为陵"或"山陵"，然后在半山腰开凿墓穴，建造墓室。武则天和高宗合葬的乾陵是唐代帝陵里唯一没有被

盗的陵墓，这座墓除了有高山作为封土外，还有规模非常庞大的石刻群，墓室的南部有一条长长的神道，两旁立有巨大的石人、石兽、牵马人、石碑以及瑞兽等，旁边还有完善的祭祀性和纪念性的建筑物。如果说像刚才讲的包山楚墓、马王堆汉墓、南越王墓之类的墓葬还有些遮遮掩掩，似乎还不太想让人发现的话，那么像唐代帝陵这样的封土或者山陵，就显得非常高调，甚至张扬了，不但标识出了它是一座墓，还明确告知这是谁的墓，目的当然是为了后人的拜谒和祭祀，可见，在墓葬的设计理念上与前代又有所不同。

左图中墓葬是我们人民大学考古系的教师在蒙古国考察的一座墓葬（图 1-5、图 1-6），在鄂尔浑河流域的布尔干省草原上，规模非常大，中心部分是用大量石块堆砌起来的大型石堆，周围还有呈同心圆分布的一圈圈小石圈，当然中心部分是主墓，周边的小石圈是陪葬墓，可能陪葬的是人，也可能是羊、马等动物。这种墓葬在欧亚大陆的草原上非常常见，流行时间也非常长，叫作赫利克苏尔，英文叫作 Kurgan，就是坟堆的意思。这种赫利克苏尔式墓葬规模之巨大，完全可以和中国内地的帝王陵墓相媲美，但是地下墓穴却相当简陋，只有很少、很粗糙的随葬品，完全不可与中国内地陵墓复杂的结构、精美的装饰和动辄数千件随葬品的情况同日而语，如果说汉唐陵墓是高调炫富的话，那么这种草原墓葬就显得有些虚张声势了。这或许反映了草原地区与农耕地区在埋葬理念上的差异。

图 1-7　古波斯王陵（李梅田摄）

再看看国外的情况，埃及金字塔是无人不知的法老陵墓，它也有高耸于地面的标记，作用类似于中国的封土，墓室里同样有大量的随葬品和精美的壁画，也和中国的墓葬一样，将所有随葬品打包整齐，就像马上要装车远行一样。但也有不同的地方，比如古波斯流行将墓室高高地悬在半空中，这是公元前 5 世纪的古波斯王陵区（图 1-7），在阿契美尼德王朝首都波斯波利斯（Persepolis）附近的一处山崖上，一道石门通往幽深的墓穴，门的周围雕刻有精美的图像。

那么，古埃及人、波斯人的来世观与中国古人的来世观有什么相同或者不同？

这是在太原发现的一幅保存非常完好的北齐墓葬壁画（图 1-8），墓葬等级非常高，属亲王级别的墓葬，但它只有一个墓室，尤其值得注意的是，墓室的四壁和墓顶都有精美的壁画，描绘了墓主夫妇的肖像，还有一些宴饮、出行等生活场景。那么在墓室里绘制壁画的目的是什么呢？它画给谁看呢？

以上我们看了很多不同时代、不同地区、不同类型的墓葬，也追问了很多问题，其实我们对墓葬的兴趣，不在于它宏伟的规模，也不在乎有多少价值连城的随葬品和精美的壁画，我们关注的是墓葬背后的人与社会，不同时代、不同地区、不同文化背景下的人对于"死亡"的态度和处理方式。

死亡，太重要了，它跟"生命"一样重要，是人类永恒追问的话题，人的一生从出生就在走向死亡，人生充满了对死亡的恐惧与无奈，一生都会思考死亡的含义，由此产生了各种各样关于死亡的思考，也因此产生了各种各样的处理死亡的方式，这就是我们常说的丧葬礼仪、丧葬文化、丧葬思想，等等。

事实上，人类对于死亡的处理方式千差万别。有两种极端的处理死亡的方式，一种是希望速朽，让遗体迅速腐烂消失，比如天葬、水葬、火葬等；另一种正好相反，希望遗体永久保存，比如我们熟知的木乃伊。除了遗体处理方式上的差异，在具体的安葬方式、墓葬的空间形态、随葬品的种类和数量等方面，可以说更是千差万别，不同时代、不同文化里，都有一套受制度约束的或者约定俗成的规范，反映了人类文化的多样性、价值观的多元性。

孔子曾经有一句话："未知生，焉知死？"这体现了孔子的儒家观念。在生死问题上，儒家更强调现世的生命，把生放在首要的地位，把死放在次要的地位。但是，对今天的考古学家来说，对于古人死亡世界的探究可能是进入古代社会的一个途径。因为古人的观念已经随着古代社会消失了，我们通过对这些关于死亡的物质遗存，可以追寻已经消失了的古代社会和观念，墓葬给我们提供了一种由死及生来探索古代社会的可能。所以，我们也可以把孔子的话反过来说，"未知死，焉知生？"只有知死，才能知生。

墓葬是丧葬行为的物质遗存，但本质上是观念的产物，是生死观的产物。生死观是怎么形成的？是一个时期的社会背景与主流意识形态作用的结果，是价值观和生死观的物质呈现。不同时代、不同文化、不同地区的墓葬多样性体现了人类价值观的多元性、社会的复杂性、文化的多样性。丧葬行为所反映的文化多样性和价值观多元性，正是我们研究墓葬的一个重要目标。

图1-8 北齐徐显秀墓北壁壁画(《太原北齐徐显秀墓发掘简报》,2003)

二 魂魄观与丧葬礼仪

中国古代社会经过复杂的变迁,主流意识形态发生了巨大的变化,而且地区之间、民族之间的差异巨大,导致中国古代处理死亡的方式千差万别,对于死亡的态度并非一成不变。从考古发现的大量墓葬来看,也是如此,不同时代、不同地区、不同民族的埋葬方式、墓葬形态差别非常大。那么,有没有一个制约着中国古代埋葬方式的核心观念呢?我认为,魂魄观应该是解读中国古代丧葬行为的一个核心观念。

关于"灵魂",我们不谈信仰,只谈现象,它是人类文化里非常普遍的一种信仰现象。古今中外,人类社会多数文化体系里都有关于灵魂的信仰。钱穆曾经有这样一段话:"古代希腊意大利人,信人死后,其魂不离肉体,而与之同幽闭于坟墓中……余因念此等观念,古埃及人先已有之。……彼辈信灵魂死后离去,他日可重返。再附尸体,即得复活。……又如耶教复活传说,此亦西方人相信死后灵魂可来再附肉体之一证。"(《钱穆全集》第46册《灵魂与心》)古希腊、古埃及都有关于灵魂的信仰,在世界几大宗教中,基督教是有灵魂信仰

的,如耶稣复活的传说就是一种灵魂信仰,伊斯兰教也有关于灵魂的信仰,佛教有所不同,它有轮回转世说,不是关于灵魂的信仰。

古希腊、古罗马哲学里有一个关于生命本质的学说,叫泛灵论(Animism),认为生命的本质是灵与肉的结合,灵魂是不朽的,死亡只是灵与肉的分离。在一些希腊罗马诗歌里经常有关于灵魂的描述,如客死他乡的人灵魂飘荡的悲苦和魂归故乡的喜乐。战死沙场的战士,其遗体必须运回故乡安葬,否则灵魂飘荡,无所归依。诗歌中对葬礼有这样的描述:"殉以衣服、樽敦、兵器,以供其需;奠酒于墓以止其渴;供设食物以疗其饥;扼死马匹、奴婢,而殉于墓中,深信可以服役如其生前。"(古朗士著、李玄伯译《希腊罗马古代社会研究》)这些做法看起来与中国古代的墓葬方式非常接近,比如用衣服、饮食器皿、兵器来随葬,用酒水进行祭奠,供设食物等,都是为了供给死者来世所需,还要杀死马匹、奴婢来殉葬,让他们在来世可以继续服侍死者,实际上蕴含了生者对于来世的期望或者想象。

中国先秦时期已经形成比较系统的灵魂思想。《左传》里有个关于春秋时期郑国大夫良霄(伯有)的故事,说良霄被冤杀后阴魂不散,他的灵魂每天在城市里飘荡,经常惊扰国人,国都内一度陷入恐慌。后来郑国最有学问的子产(公孙侨)想出个办法,给良霄建了一座庙，拿着好吃好喝的每天去供奉，又把他的儿子立为大夫，从此之后，良霄的灵魂得到了安抚，不再为患国人。大家就问，这是为什么呢？子产说："鬼有所归，乃不为厉，吾为之归也。"人死之后，魂魄离散，鬼魂必须有所依托，需要得到妥善的安抚，普通的匹夫匹妇死后都会找个活人依附，何况像良霄这样显赫的人物，他生前非常强势，死后的鬼魂自然也非常厉害，如果不好好安抚，危害是很大的。

子产的说法实际上代表了春秋时期已经形成的魂魄观，当时已经有了较为系统的魂魄二元理论。"人死则魂魄离散，各有所归，魂气归于天，形魄归于地。"（《礼记》）人的生命由魂和魄组成，魂主精神，精神的东西是看不见摸不着的；魄主形体，指肉体，如"体魄"。一个正常的生命一定是魂魄合体，既有健全的体魄，又有很好的精神，如果二者有任何一方受损，生命也会受到威胁，当人死的时候，魂和魄会分离，魂会飞散、魄会瓦解，即所谓"魂飞魄散"。这也说明魂魄分离后，二者的去向是不一样的，魂是会向上飞散飘荡的，魄是会腐朽解体向下化为尘土的，即"魂气归于天，形魄归于地"。

由于魂和魄是不一样的物质，人死后魂魄分离，分离之后去向又不一样，所以产生了分别针对魂和魄的不同的处理方式，魂是无形的精神，需要安抚，魄是有形的肉体，需要进行妥善的保护。中国古代的丧葬礼仪非常复杂烦琐，但如果从魂魄二元观来理解，实际上可以简化为"藏形"与"安魂"，它是中国古代丧葬的两个基本目的，所有的丧葬和祭祀行为都是围绕着藏形和安魂来进行的，不过，应该如何藏形、在何处安魂，则在不同时代有不同的处理方式，这就造成了礼仪程序上的差异，也导致了我们今天看到的墓葬空间形态上的差异。

最直观反映魂魄二元观的，可能就是先秦时期盛行的招魂仪式了。招魂仪式在先秦儒家经典中称作"复"，复礼是魂魄刚刚分离时的一个礼仪环节，《仪礼·士丧礼》记载了复礼的过程：

> 复者一人，以爵弁服簪裳于衣，左何之，扱领于带；升自前东荣、中屋，北面招以衣，曰："皋——某复！"三。降衣于前，受用箧，升自阼阶，以衣尸。复者降自后西荣。

主持招魂仪式的复者（类似巫师）拿着死者生前的礼服登上屋顶，面向北方呼喊死者的名字，三声之后将衣服扔下，盖在死者身上。用作招魂的衣服是死者生前所服，附着了死者的灵魂，招魂之后覆盖在遗体上，于是具备了魂魄重新结合的含义，好像灵魂可以重归身体，生命因此得以延续。当然，事实证明，这种招魂仪式只是一种徒劳的努力，但作为生者对死者的眷念与不舍之情，这样的信仰一直延续于后世，当死者尸骨不可得而葬时，常以衣冠招魂，即具有同样的含义。

南方地区的楚地也有类似的招魂仪式，不过更加隆重，也更加壮观，好像一场盛大的巫术表演。著名的《楚辞》里有两篇非常优美的文字——《招魂》与《大招》，二者内容大同小异，都是描绘招魂实况的。它是为谁招魂呢？还有不同的说法，一种说法是屈原为楚怀王招魂，楚怀王客死咸阳，次年遗体运回楚国都城郢都（江陵）时，国人为他举行了一场盛大的招魂礼；还有一种说法是宋玉为屈原招魂，屈原投江了，楚国人为他进行招魂。不管是为谁招魂，都反映了楚地招魂的实况。

在这场表演里，首先以天帝的名义委托一个叫巫阳的人来主持，说："有人在下，我欲辅之。魂魄离散，汝筮予之！"意思很明确，有人魂魄分离了（就是死了），你去把魂招回来。于是巫阳在旌幡簇拥下，提着珍贵的丝线编织的竹笼，笼内放着招魂衣，背对前方，徐徐倒行，边走边喊"魂兮归来"，以招引死者的灵魂回归。口中念念有词："魂兮归来！去君之恒干，何为四方些？舍君之乐处，而离彼不祥些！"意思是魂啊，你回来吧，为什么要四处飘荡呢？为什么要离开你美好的家园而去到那些不祥的地方呢？

后面还有长篇的招魂辞，大致由两部分组成，一部分是"外陈四方之恶"，东南西北四方都是非常恐怖的所在，不是有凶残的怪兽就是环境十分恶劣，天上虽然美好，但有豺狼守着，地下也不能去，有土伯专门吃死人的肝脑，等等。总之，天地四方都是非常恐怖的，这是对飘散的灵魂的威胁。另一部分是"内崇楚国之美"，描绘了楚国国都郢都的美好，这是楚王的故居，有高堂水榭、亭台楼阁、翡翠珠被、兰膏明烛，充满着奇珍异宝，又有各种美酒佳肴，奴婢成群、歌舞唱和，是一个十分安全、温馨美好的所在，这是对将要飘散的灵魂的利诱。巫阳一边徐徐倒退，一边唱着威胁利诱的招魂词，引导着死者的灵魂回到美好的故居。

招魂词的结尾是"魂兮归来，君无下此幽都些"，这是劝阻灵魂不要去幽都，幽都就是地府，是一个非常恐怖的所在。"魂兮归来，入修门兮"，修门是楚国郢都的城门；"魂兮归来，反故居些"，回到你的美好的故居吧。"像设君室，静闲安些"，在故居的死者曾经的房间里挂上死者的肖像，象征着灵魂归来后的所在，在这里它可以接受生者的祭祀与供奉。显然，魂和魄性质不一样，那么藏形和安魂也各有其地，二者是分开的，幽都显然是藏形之所，是地下深处保存遗体的地方，它不适合安魂。安魂之所在故居、君室，在挂有死者肖像的地方。这个君室显然是远离墓地的地方，相当于宗庙或祠堂，是祭祀亡灵的地方，是死者接受供奉、与生者交流的地方，"祭之宗庙，以鬼飨之，缴幸复反也"，其象征意义与藏形的墓葬是完全不同的，肖像代表着灵魂的存在。

再看两幅图片（图1-9、图1-10），这是湖南省博物馆收藏的两幅珍贵的帛画，都是中华人民共和国成立前在长沙的战国墓葬里发现的。关于帛画的内容与功能，学术界有不同的意见，不过在我看来，它可能就是楚地招魂仪式的一个实况描绘。《人物御龙图》，描绘的是一个男性墓主人，头上有个华盖，踏着龙形的舟，侧面向前缓缓行进；《人物龙凤图》发现在另一座墓里，墓主人是个女性，头顶有凤、有祥云，也是侧面向前缓缓行进。《楚辞·招魂》描绘的正是战国楚地招魂的场景，巫阳是徐徐倒行，引导着死者的灵魂回归，这两幅图里的男女墓主低眉颔首徐徐前行，似乎正是被引导着前行的灵魂。

古代的丧礼一般包含丧葬与祭祀两个环节，藏形是将遗体埋藏到墓室里，属于丧葬环节；安魂是祭祀，对死者的灵魂供奉饮食，还和死者之间有一些交流和沟通，这种安魂的习俗一直延续到今天，清明节实际也是安魂仪式的延续。藏形和安魂是属于丧葬礼仪的两个不同阶段，性质是不一样的，藏形阶段的礼仪属于凶礼，而安魂是属于吉礼的。

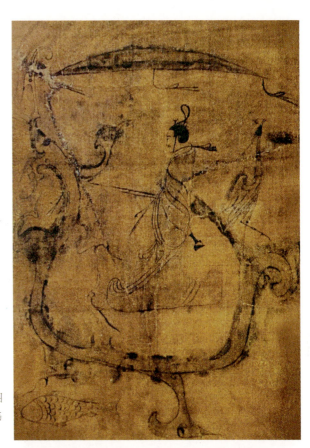

图1-9 战国人物御龙图（《中国美术全集·绘画编》，1986）

图1-10 战国人物龙凤图（《中国美术全集·绘画编》，1986）

《荀子·礼论》对于藏形和安魂的区别说得非常明白："大象其生以送其死也。故如死如生，如亡如存，终始一也。故葬埋，敬藏其形也；祭祀，敬事其神也。"所谓藏形，要求终始如一，虽然遗体埋藏在地下了，但还要为他们提供衣冠、饮食、奴仆，让他们身前的世界在来世延续。安魂就是"事其神"，强调对灵魂的侍奉与沟通，主要是精神方面的沟通。

藏形与安魂的目的不一样，场所也不一样，一般来说是"藏形于墓，安魂于庙"，这是中国古代丧葬的基本原则，墓葬是藏形的地方，宗庙或祠堂才是安魂的地方，有的没那么讲究，就在房子里挂一个肖像或者放一个牌位，象征着灵魂的存在，也可以进行祭祀。

当然，"藏形于墓，安魂于庙"这个原则也不是一成不变，最初二者是有明确的区分，但从先秦到汉唐，墓葬功能发生了变化，从最开始只有单纯的藏形功能，发展到后来藏形与安魂功能俱备。墓葬功能的变化导致了墓葬的空间形态的变化，这是我们理解中国古代墓葬空间形态的关键。

三 藏形：黄泉式的礼仪空间

以藏形为目的的墓葬可以叫作黄泉式墓葬，它是一种以深埋、秘藏为特征的墓葬。

在文学作品里经常有关于黄泉的描述，以黄泉比喻阴曹地府，是人死之后的归属，如"不及黄泉无相见也""结发同枕席，黄泉共为友"等等。不过，黄泉最初并不是阴曹地府的意思，按照字面理解，就是地下深处之泉，是一个非常幽深的密闭空间，中国商周时期的很多墓葬都是这样的空间，幽深而又封闭，加上当时在这个空间里用木头搭建的椁室像"井"字形，又叫作井椁，所以可以把这种形态的墓葬称作黄泉式墓葬。

黄泉式墓葬结构的基本设计原则就是"藏"。《礼记·檀弓上》说"葬也者，藏也。藏也者，欲人之弗得见也"，就是把遗体密藏，不能示人。这种墓葬的功能主要是藏形，而不是安魂，并没有祭祀功能。墓葬是一个"密藏"于地下的、由棺椁组成的封闭空间，地上基本没有任何踪迹，战国之前地面上是没有高大封土的，更没有墓碑、石人石兽，一般也没有其他建筑设施，所有的设施都密藏在地下空间。这样的墓葬至少有一个好处，在历史上不容易被盗，因为其很低调、很密藏。如果不是因为动土等原因，或者是技术高超的盗墓者，这种墓葬是很难被发现的。

这种黄泉式的墓葬是一次性丧葬行为的结果，葬完以后就结束了，其他的祭祀等礼仪活动都在其他地方举行。当然，这种墓葬的埋藏过程也有一个非常复杂的程序，是一个伴随着各种仪式逐渐封闭墓葬的过程。我们发掘了很多墓葬，根据墓里地层堆积的情况，是可以复原这个逐渐封闭墓葬的过程的。比如，1976年在安阳发掘的妇好墓（小屯5号墓），就是那位著名的女贵族或女将军的墓，墓主可能是商王武丁的妻子。这座墓葬规模不是特别大，连墓道都没有，说明它在建造过程中出土量并不太大，但是墓葬保存得非常完好，墓室是一个竖井式的土坑，里面分了很多层。根据这些地层，我们可以复原它的整个埋藏过程：先在平地下掘一个长方形的土坑，将近8米深，已经到达潜水面以下，达到地下深处之泉，然后在坑里举行杀殉仪式，杀了一个人、一条狗，把它们埋在墓坑的中央，算是奠基仪式。然后把预制好的木椁悬吊到墓坑里，搭建边框和棺室。再放置棺木、各类随葬品，所有东西都摆放好后，再用原木搭建椁板，把棺和随葬物品全部封闭，上面加上一些竹席类的垫子。这还没结束，在封闭椁室后，还要举行复杂的回填和杀殉仪式，在椁板上、在墓壁的壁龛里一共发现了7具人骨架、5具狗骨架，还发现了一些盛放饮食的青铜器、玉器，这表明封闭椁室之后，回填墓室的过程中又举行了复杂的封闭墓室仪式。再往上还有将近6米的高度，用夯土一层层夯实，一直填满整个墓坑，在每层填土里都发现了器物、动物骨骼，表明每填一层土，都要举行一些仪式。这种墓葬从奠基、筑圹到回填是一个连续封藏墓室的过程，当墓室被填实后再无进入的可能，属葬毕即藏的封闭性墓葬。从埋藏过程来看，这种以秘藏为特征的黄泉式墓葬没有给后人留下进入墓室的空间，个别墓葬的地面上可能有一些临时性的建筑，但大多数地面上是没有建筑物的，至少在战国以前是没有封土，没有祭祀性建筑的。那么葬后的祭祀在哪里进行？在宗庙、在家里或在祠堂里进行，也就是说，由于魂魄分离后去向不一样，对魂和魄的安抚方式不一样，墓葬主要只有藏形的功能，没有安魂的任务。

再看一座非常著名的墓，也是"文革"期间发现的，湖北随州曾侯乙墓（图1-11），是曾国国君的墓，这几年湖北考古工作者又在附近发现了很多曾国高等级墓，比如曾侯丙墓。曾侯乙墓的规模非常庞大，墓口面积达200多平方米，深达13米，椁室分成4间。主室里放的是巨大的套棺，其他椁室里摆放着巨大的编钟和其他随葬品，乐器特别多，除了编钟，还有其他像编磬、琴瑟等各种乐器。不但有乐器，还把乐队成员一起埋葬了，在西边和中间的椁室里发现了21具陪葬棺，经过鉴定，陪葬者是21位年龄在15—24岁的青年女子，可能就是曾侯乙生前的乐队成员。有意思的是，除了以人殉葬，还发现

图1-11 战国曾侯乙墓棺椁（《曾侯乙墓》，1989）

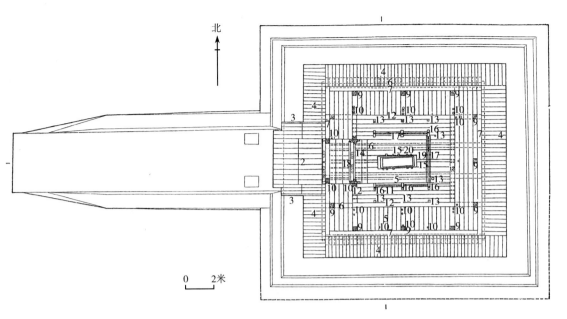

图1-12 西汉墓诸侯王墓墓室平面图(《长沙象鼻嘴一号西汉墓》,1981)

了一具殉狗棺,这条狗的地位也是很高的,有自己的棺,可能是曾侯乙生前比较喜爱的宠物吧。所有这些东西都摆放好后,再加上盖板、铺上竹席、绢、竹网,再填土掩盖,完全封闭。封闭椁室后以青膏泥、石板和夯土层交替填实整个墓穴,椁室四周还用大量木炭填塞,用炭总量在6万公斤以上。像这种青膏泥、木炭都是为了秘藏的需要,木炭可以吸收水分,是为了保存遗体,青膏泥有非常好的密封作用,将墓室里的遗体、器物和空气隔绝,这样墓室里就形成一个无菌的环境,很多有机物因此得以保存下来。

这是长沙发现的西汉时期诸侯王墓(图1-12),它也是典型的黄泉式墓葬,具有很强的封闭性。墓圹里是一个用木头搭建的椁室,分成很多隔间,最中间的是棺室,里面放置套棺,隔间里放置功能不一样的随葬品。放置好棺木、摆放好随葬品后,全部用土填实。为了秘藏的需要,在木椁与土圹之间的空隙也填满了木炭和青膏泥。马王堆汉墓也是这样防腐的,軑侯夫人的遗体之所以能保存下来,就与这种严密的防腐措施有关,发掘时脸色红润,皮肤还有弹性。当然像那幅帛画、几十套珍贵的衣物、竹木简牍,还有一些食品能够保存下来,也得益于这种完善的防腐措施。从这两个平面图来看,墓室里被棺木和各种随葬品填满了,基本没有进行礼仪活动的空间,墓室里的礼仪活动都是在下葬的过程中逐渐完成的。

以上介绍的几座墓葬都属于黄泉式的封闭性墓，它的主要礼仪空间都位于地下，虽然是秘藏，"欲人之弗得见"，但墓室里的随葬品和各类设施可一点儿都不随意，而是应有尽有，好像要将死者生前的生活完全移植到地下世界一样。随葬物品的配备是有着非常严格的礼制规定的，至少在商代和西周时还是比较严格执行的。关于丧葬程序、随葬物品的配备等，与死者的身份地位有关，这些可以参考《仪礼》等文献的记载。

被放置在墓室里的物品，笼统的称呼都叫明器，考古学上笼统都叫随葬品，其实从类别来看，涉及生活的方方面面，有盛放肉类、谷物、调味品、酒水的容器，有日常生活器皿，有生产工具和武器等，从功用上来说都属于"养生之具"，象征着墓主人生前生活在来世的延续。它们有的是死者生前拥有的物品，具有实际的使用价值，葬入墓内以后发生了功能的转换，转换为来世所用的明器；另外还有一类物品是为丧葬专门准备的物品，有的是宾客赠送的，有的是子孙准备的，这些物品都是仿照生前实用器物制作的，但按照礼制应该有所区别，要"貌而不可用"，以示生死有别，这种器物一般个体较小，或者较粗糙，明显不具备实用价值，也有学者认为这种器物才是真正的明器。

那么，这种"貌而不可用"的器物是按照什么原则来配备的呢？这就是孔子所说的"陈器之道"，也就是明器陈列的基本原则。

孔子说："之死而致死之，不仁而不可为也；之死而致生之，不知而不可为也。是故竹不成用，瓦不成味，木不成斫，琴瑟张而不平，竽笙备而不和，有钟磬而无簨虡。其曰明器，神明之也。"意思是说，对待死亡要采取折中的态度，如果把死者真的当成没有生命的人来看，有点不太仁义，不能这么做；假如把死者完全当成在生时一样对待，又不符合礼制，也不能这么做。怎么办呢？折中吧，竹木器物不要精心雕琢、陶器不要抛光处理、琴瑟钟磬等乐器可以有，但不能装上琴轸、弦等东西，编钟等不能挂起来，也就是说不能让它有实用价值。当然，这个也许只是孔子的一种理想化思想，不一定所有人真的按照这个来执行，尤其到了战国时期，礼崩乐坏，更没人真的执行了，比如曾侯乙墓的那套编钟不但能挂起来，而且到现在都还能演奏出古今中外名曲。

孔子宣扬的"陈器之道"实际上是反映了周代对于死亡的态度，既要将生前世界在死后延续，又不可以完全照搬。明器，体现它的象征意义即可，如此既合乎礼仪又体现了"仁"，这是一种"寓情于礼"的表达，这种思想可以说贯穿于丧葬礼仪的各个环节，在丧礼的最初阶段，明知逝者不能死而复生，却不忍仓促装敛，故有三日而后敛；明知饮食并不能为死者所享用，却自欺欺人地备足精美的饮食。这样的礼仪无非是为了"示哀敬"。当对于死而复生的希望破灭后，还有祭祀，"祭之宗庙，以鬼飨之，徼幸复反也"，祭祀是将死者埋葬后寄予的最后希望，希望死者的灵魂还能回到宗庙，接受生者的供奉、与生者交流。

前面说过，这种黄泉式的墓葬是尽可能将死者的生前生活移植（或者再现）于象征着来世的地下空间，就好像来世是一个与现实生活平行的世界一样。我们也发现了这种"移植"的证据，那就是"告地策"，是一种写在木片上、埋在墓里的文字。

马王堆三号汉墓出土的告地策，写了一段这样的文字："十二年二月乙巳朔戊辰。家丞奋移主藏郎中。移藏物一编。书到先选具奏主藏君。"是以轪侯家的家丞（名叫奋）的名义，向地下世界的管家（主藏郎中）传递的一个文件，报告死者的到达，还有带来了哪些物品。

江陵凤凰山 168 号汉墓告地策（文帝前元十三年，前 167 年）更详细一些："十三年五月……江陵丞敢告地下丞，市阳五夫遂，自言与大奴良等廿八人、大婢益等十八人、轺车二乘、牛车一两、马四匹、□马二匹、骑马四匹。可令吏以从事。敢告主。"是以现实生活中的"江陵丞"名义向地下世界的"地下丞"传递的文件，报告死者的身份及所携带的财物，并且附了一个清单，列出随行的奴婢数量、车马种类和数量等，好像是办理了一个移交，这样死者及其所有物就在来世获得了合法的证明。

四　藏形与安魂：宅第式的礼仪空间

以藏形为目的的墓葬功能，到西汉时期发生了变化，变成了宅第式的墓葬，是一种开放式的礼仪空间。为什么发生这种变化？我想，它与西汉时期的主流意识形态有密切关系。西汉时期，丧葬礼仪成为宣扬儒家伦理的一种手段，儒家的一个核心思想就是孝悌忠义，它在丧葬上的表现就是厚葬。不但墓葬的规模变得非常大，而且丧葬活动成为一种公开的展示，墓葬成为儒家宣扬伦理道德的重要场所。在这种情况下，把原来在宗庙或祠堂里举行的安魂仪式（也就是祭祀）搬到墓地进行，墓葬就同时具备了藏形和安魂的功能，墓葬不仅仅是藏形的地方，同时也是祭祀的场所，这个墓葬功能的变化导致墓葬空间形态的变化，这种变化不仅表现在墓地地面上，也反映在地下，地面和地下墓室都明显走向开放，原来的那种秘藏式墓葬逐渐被取代，那种竖穴土坑式的墓葬逐渐被宅第式的墓葬取代，也就是说墓室更多地模仿人居建筑的结构，而不再是那种幽深的秘藏式结构了。

墓葬从"古不墓祭"到成为祭祀的场所，可能是从豪强大族的墓开始的，之后逐渐推广到帝陵。"秦始皇起寝于墓侧，汉因而不改"，至少从秦始皇陵开始，墓地已经出现了纪念性、祭祀性的建筑。事实上，从考古发现来看，秦代以前，至少到春秋战国之交就已经出现了墓地建筑的萌芽，战国时，尤其是北方各国已经较为普及了。

这涉及墓地的地面建筑出现以及地面建筑的性质问题。从考古发现来看，商代晚期的妇好墓墓口上就发现了地面建筑，它可能是某种纪念性的享堂，不一定具有祭祀或安魂的作用，而且这在当时还是个例。在我看来，墓地祭祀的出现与封土有密切的关系，因为要进行祭祀，必须在墓地设置醒目的标记，而封土的首要作用就是标记。据文献记载，孔子葬完父母后，在墓上建造了封土，因为他要游历各地，以免将来回来祭奠父母时找不到墓葬。到战国时期，封土就变得非常普及了，到秦始皇陵时就起了非常高大的封土，骊山脚下的秦始皇陵除了封土之外还有其他的设施如寝殿等，把死者生前的衣冠、物品陈设起来，由专门的人守卫和供奉，定期举行祭祀，和死者进行沟通和交流，这就是墓地的祭祀，是为了安魂。

祭祀是人与神（魂）的互动与交流。"思其居处，思其笑语，思其志意，思其所乐，思其所嗜。祭之日，入室，僾然必有见乎其位。周还出户，肃然必闻乎其容声。忾然必闻乎其叹息之声，孝子之至也。"这在汉代人看来，是至孝的表现，汉代从上到下，上自皇帝下至普通百姓都有这样的祭祀行为，在正史里讲到皇帝去谒陵时，会和先帝之间有一个精神的沟通，率领文武大臣到墓地祭祀，向先帝汇报治理国家的情况。这种交流以前都是在宗庙里举行的，这时候已经移到了墓地。当然宗庙里的祭祀并没有被废弃，只是墓地成了一个新的祭祀场所。

由于墓祭的出现，墓葬开始兼具安魂与藏形两重功能，受其影响，墓葬的空间形态发生了巨大的变化，可以总结为这么几条：

1. 地下空间由封闭性的黄泉式变为开放性的宅第式，以前堂后室的方式配置墓室，以模拟生宅。

2. 地面上出现了封树、墓碑、祠堂等祭祀性和标记性设施。

3. 墓室内也出现了祭祀的遗迹，出现了专门的祭祀空间，如祭台、帷帐、饮食器皿等构成的祭祀空间。

4. 东汉的墓葬空间更加开放。由于东汉流行夫妻同穴合葬习俗的出现，墓室里可能要进行多次埋葬行为，每次埋葬活动都会伴随着一些祭祀，墓室开放性进一步增强。墓室甚至成为一个公开展示的场所，所以墓葬也就更加重视装饰，这时候墓葬里出现了精美的壁画，壁画里出现了墓主人的肖像。一般在祭祀的场所，一定有个被祭祀的对象，可能是肖像，也可能是牌位。东汉墓室里墓主肖像的出现，说明墓室也成了祭祀的空间和安魂的场所。

从封闭性的井椁式墓葬向开放性的宅第式墓葬转变，是西汉时期发生的。西汉时期的诸侯王墓有两种墓葬形态，一种是旧式的封闭式墓，也就是我们说的黄泉式墓，像河北汉墓群的广阳王刘建夫妇墓、广阳王后墓，长沙汉墓群的象鼻嘴长沙王墓、望城坡长沙王墓，还有前几年引起轰动的南昌海昏侯刘贺墓，他们属于旧式的墓葬，很快将要消失。与此同时，出现开放性的宅第式墓，像河北满城中山靖王刘

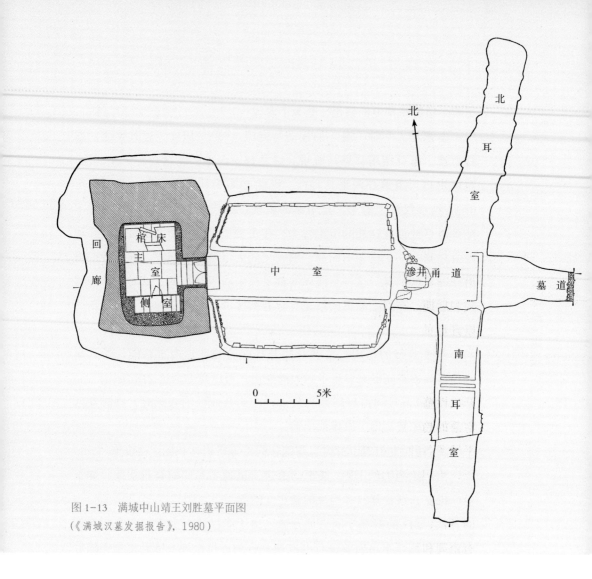

图1-13 满城中山靖王刘胜墓平面图
(《满城汉墓发掘报告》，1980）

胜夫妇墓（就是出土了完整金缕玉衣的那两座墓）、河南永城的梁王夫妇墓、江苏徐州楚王陵及王妃墓，还有前面介绍过的广州南越国王墓等，这种开放性的宅第式墓是一种新式的墓葬，将要成为中国古代墓葬的主流形态。

前面讲了很多封闭性的墓葬，如包山楚墓、曾侯乙墓、马王堆汉墓等，它们的埋藏过程就是一个逐渐封闭墓穴的过程，封闭得非常严密、非常彻底，墓室里基本没有为后期的祭祀活动留下任何空间，所有空间都被棺木和各类物品塞满了，地面上有的有封土，有的没有封土，但基本上没有其他用于祭祀的建筑，也就是说墓葬不具备安魂的功能。但到西汉时期，当新的墓葬形态出现后，这种状况发生了变化，我们以著名的满城中山靖王刘胜墓为例来看看这一变化（图1-13）。

这个墓葬结构就像一座房屋，是模拟生前的人居建筑，有前堂，堂里设有帷帐，放着很多盛放饮食的器皿，是供奉食物、墓内祭祀的场所；后面是他的棺室，相当于寝，"前堂后寝"是古代人居建筑的基本格局。除此之外，还在前堂的前部设有耳室，相当于仓库，里面陈列着各种生活用具、饮食以及车马，再往前是供人员出入的通道——墓道，这个墓道既是当时建造墓室时的通道，也是举行下葬仪式和后期祭祀仪式的通道。另外，各个墓室之间设有石质墓门，是可以开启的，这些结构表明，墓葬内部是互通的，同时也是向外开放的。墓室里面，也尽可能模拟生前的宅第，像主室里有石板搭建的房屋结构，模拟宅第的特征更加明显了。其他地区有些差不多同时期的开放性墓葬，结构大同小异，比如徐州楚王陵，墓室数量更多，模拟宅第的趋向更明显，除了前堂后寝，还沿着墓道这条中轴线，在两侧平铺了各种不同功能的墓室，如仪卫室、厨房、乐器库、兵器库、厕所、凌阴（藏冰处）等，它们是按照墓主生前宅第的功能来配置地下空间的。这种开放性的宅第式墓东汉时逐渐成为主流，并延续于以后的各代，可以说一直到清代都是这种开放式的宅第式墓，只不过各代有繁简和细部结构的变化而已。

我们说这种宅第式墓是开放式的，很多朋友可能不理解，墓室为什么要开放？向谁开放？当然首先是向孝子孝孙开放，他们要去进行祭祀，可能祭祀还是多次的。可能会有其他人进去瞻仰，这方面的证据也是有的。我们在东汉的一些墓葬里发现了文字，在墓壁上有毛笔写的字，如陕西旬邑县百子村壁画墓，甬道两壁写着"诸观者皆解履乃得入"，要瞻仰可以，但是必须得脱鞋才能进入。《后汉书·陈蕃传》说有个叫赵宣的人，这个人非常孝顺，父母死了多年之后，他一直坚持住在墓里行孝，墓道也不关闭，住了二十多年，"乡邑称孝"，他的孝子的名声在外，当然他也因此得到了一些好处，汉代选官制度，就是以孝为重要的标准，所以我们也不排除他的这种做法是为了获取功名。

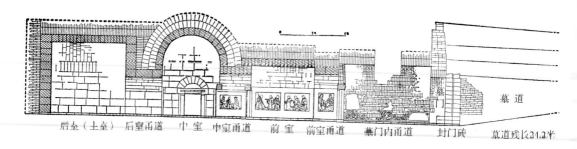
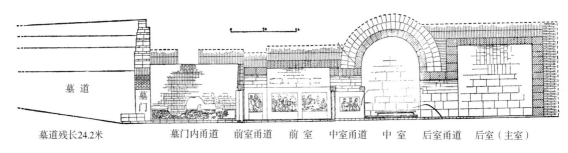

图1-14　密县打虎亭一号汉墓平剖面图（《密县打虎亭汉墓》，1993）

再看一座东汉晚期的开放性墓葬（图1-14）。这是一座用石头和砖头合筑的开放式墓葬，有墓道、前堂后寝，也有墓门互通，不但模拟了墓主生前宅第的结构，而且做了精心的装饰，在墓门上浮雕或者线刻着精美的图像，在墓壁上彩绘着壁画，内容除了一些辟邪、祥瑞、神话的内容外，主要是一些反映墓主生前生活状态的图像，比如车马出行、属吏拜谒、宴饮百戏等内容，好像将墓主生前世界移植到了地下世界一样。同时，这些精美图像在墓室里的出现，表明他们是有观者的，也表明了墓室的开放性。像以前那种封闭性墓葬里，就不可能有这些精美的画像石或者壁画。这种开放性墓室空间的一个重要功能就是祭祀。祭祀是一种很重要的仪式，参与祭祀的人就是观者，同时还需要营造出一个举行祭祀仪式的礼仪环境，这些图像就是为这个目的而设。打虎亭一号墓东耳室里有一幅石刻画像，刻的是一个几案，上面和旁边有盛放饮食的器皿，相当于一个祭台，但是没有人像，这大概就代表了对死者灵魂的供奉，是一种祭祀。祭祀环境里，被祭祀的对象有的是一幅肖像，有的是一个灵座，有的就是一个空位。

前面所讲的是地下空间的开放性及所具备的祭祀功能，那么地面情况如何呢？地面的开放性更加显著，它有常设性的祭祀性建筑物——祠堂，是一种公开宣扬孝道的场所。这种地面祠堂在东汉时期非常普及，尤其在山东地区，发现了大量东汉时期的石结构祠堂，上面都有非常精美的石刻画像，祠堂里会有一个祭台，是定期祭祀的场所。这种祠堂作为宣传教化的场所，它的公开展示性是非常明显的，不但对孝子孝孙展示，有的可能还是一个地区的宣教中心。比如，山东济南长清区有一个著名的郭氏石祠，东汉初年建的，上面刻有规模宏大的各种历史故事、车马出行、拜谒、狩猎、百戏类场景，由于它是传说中的著名孝子郭巨墓上的祠堂，所以在当时有很多人去参观拜谒，不但当时很多人去，后代也有很多人去参观，几百年后的南朝人也去参观，去受孝的教育，因为我们发现在墙壁上有很多参观者留下了题记，就是类似于"到此一游"的涂鸦。这种地面祠堂都是设在墓上地面的祭祀性场所，目的就是为了安魂。新发现的山东邹城汉安元年文通祠堂刻了一段文字，明确表明了这种祠堂的功用："以奉四时，供祭鬼神""起立祠堂，冀二亲魂灵，有所依止"，显然就是为了安魂。这种祠堂有很多名字，可以叫祠堂，也可以叫"庙堂"，还可以叫"食堂"，因为它是通过向死者的灵魂供奉饮食来安魂。

通过上面的介绍，我们已经很清楚地认识到，从西汉开始到东汉时期，原来的封闭性墓葬已经完成了向开放性墓葬的转变，墓葬的开放性在墓葬地面和地下都有反映，空间形态都具有开放性，这种开放性因墓葬功能的变化而发生了重要的转变，由以前的单一藏形功能，转变为藏形与安魂俱备。

五　魏晋之变：礼仪空间的简化

开放性的宅第式墓成了西汉以后各代墓葬的主流，但不是一成不变的，随着社会的变迁，主流思想和观念的变化，汉代以后又有多次阶段性的转变，其中一次重要的转变发生在魏晋时期。

从东汉末年开始到曹魏、西晋，墓葬的空间形态发生了重要的变化，简单地说是一种简化，像汉代的地面标记性设施和纪念性设施、地下多墓室的结构，到魏晋时期被大大地简化了。从功能来说，墓葬仍是藏形与安魂之所，但它把用于安魂的祭祀行为全部移植于墓内，地面上取消了所有的祭祀性和纪念性设施，墓葬的藏形与安魂功能被浓缩了地下墓室，地下墓室的结构也变得非常简单。首先，取消了墓地地面的标记性设施和祭祀性设施，如封土、碑刻、祠堂都没有了，可以说非常低调、非常简朴，这也给我们今天的考古工作带来了麻烦，现在能够确认的魏晋墓葬不多，哪怕是非常高等级的墓葬，由于没有醒目的标记，墓室又非常简朴，所以难以确认。其次，发生这种变化的原因，从思想根源上来说，是由于魏晋时期儒学衰落了，丧葬对儒家非常重要，一个重要作用就是宣扬孝悌、进行伦理教化，但这种作用到魏晋时期不那么重要了。魏晋玄学流行，它是当时的主流意识形态，它是对传统儒家礼制的反叛，丧葬活动的传统宣教功能可以说丧失殆尽，因此，就没有必要把丧葬和祭祀行为进行公开展示了。当然还有其他方面的原因，魏晋时期的经济非常凋敝，由于长年战争，中原大地"千里无人烟，白骨露于野"，已经没有财力来建造那些奢华的墓葬。还有一个原因，是出于防盗的考虑，因为东汉末年，曹操目睹了大量汉代诸侯王陵被盗的情况，有时候他自己的军队还参与盗墓，所以，他汲取了汉代墓葬被盗的教训，他和他的继承者曹丕都反对奢华的埋葬，曹丕说自古以来没有不被盗之墓，假若因为埋藏了金银珠宝而致使先人墓葬被盗，那反而是大不孝，因此极力反对厚葬。

前些年在安阳发现的曹操墓，曾经一度引起巨大的争议，不过我觉得它是曹操墓应该是没有问题的。这座墓葬地面上是没有任何标记性和祭祀性设施的，地下的墓室虽然多次被盗，但结构基本完整，规模也很大，毕竟是曹操墓，从礼制上应该与东汉晚期诸侯王墓等级相符。它有一条很长很宽的斜坡式墓道，后面是前堂后室，两旁还有侧室，这也还是模仿宅第式的结构。

虽然魏晋墓葬地面上不再有祭祀等安魂活动，但墓室里的祭祀是不可少的，文献里也有很多关于墓内祭祀的记载，比如晋初非常有名的孝子王祥曾立下遗嘱，要求自己的墓葬尽可能俭朴，甚至明确要求"勿起坟陇"，就是不要封土的意思，他也不要做前堂，建一个墓室就可以了，把棺放在单墓室的一侧，在棺前面布置几案，案上放一些

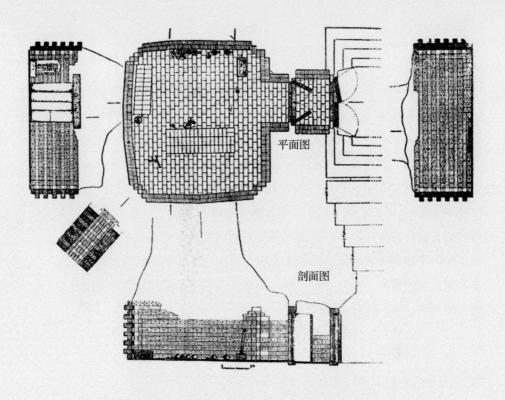

图 1-15 洛阳西晋徐美人墓平剖面图（《洛阳晋墓的发掘》，1957）

自己平常用的东西，像书箱镜奁之类，再放一些肉、果、酒水类等饮食，进行祭奠就可以了。王祥遗嘱中对自己墓室空间的设计应该具有一定的代表性，现在发现的魏晋墓葬无论等级高下，大多数都是这种单室墓，都是将棺放在一侧，棺前设置祭台、帷帐、饮食器皿等，这表明墓室不仅是藏形的地方，也是墓内安魂的场所。

这是洛阳发现的西晋徐美人墓（图1-15），徐美人是西晋著名的贾皇后的乳母。贾皇后是惠帝的皇后，由于胡乱干政，引起八王之乱，最后导致五胡入侵，中原易主，中原大地陷入持续数百年的五胡乱华境地。这座墓葬，地面上也是没有任何踪迹的，地下部分是一座砖砌的单室，穹隆顶，棺位于单室的一侧，棺前有帷帐，是一个祭祀的空间。另外还发现了一方碑形墓志，墓志就是这个时期产生的，汉代是在墓地地面上立碑，曹魏时禁止了地面的所有标记性设施，严禁立碑，于是墓碑就转入地下，成为墓志了，这方墓志还是墓碑的那种长方形，表明它是由墓碑变化过来的。

墓葬兼具藏形和安魂功能，是从西汉以来直到魏晋时期的实际情况，但在东晋初年还是发生了一场关于墓葬功能的争议。由于西晋永嘉之乱中，死了很多人，他们在战争中尸骨不存，怎么安葬呢？这是个问题，有的人就想到了招魂葬的方式。招魂葬当然不是东晋人的发明，很早就有，先秦文献中有用衣物、弓箭等代替死者埋葬的记录。西晋末年的八王之乱中，东海王司马越就是战死沙场、尸骨不存者，他的妃子裴氏在渡江以后，准备为他举行招魂葬，大概就是拿他的衣冠或别的生前用品进行安葬，象征着给亡灵一个妥善的安抚。这在后来是很普遍的现象，相当于衣冠冢，但在当时的东晋朝廷却引发了非常大的争议。有一部分人极力反对，认为不合礼仪，应该禁止，也有一部分人表示认可。主禁者从周汉传统礼仪出发，希望回归丧葬的本义，说"人死神浮归天，形沉归地"，"若乃钉魂于棺，闭神于椁"，"岂顺鬼神之性而合圣人之意乎！则葬魂之名，亦几于逆矣"，意思是说墓葬本身不应该是安魂的地方，招魂入墓违背了古礼，相当于把灵魂封闭在墓穴里，这是不妥当的，几乎是忤逆，所以要禁止招魂葬。另一部分人则基于现实出发，认为墓葬从西汉以来到东汉魏晋时期已经具备了安魂的功能，主张承认这种既成事实，也给了一些理论的解释，说"魂堂几筵设于窀寝，岂唯敛尸，亦以宁神也"，意思是说在墓室里设置魂堂、几案、筵席，本来就不仅是为了藏形，其实也是为了安魂。这场争议的焦点实为墓葬功能之争：墓葬到底是为藏形还是

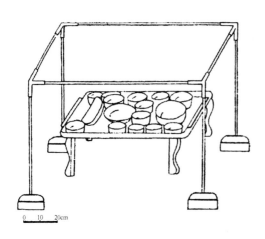

图1-16 辽宁朝阳袁台子东晋墓祭台（《朝阳袁台子东晋壁画墓》，1984）

34

图 1-17　辽宁朝阳袁台子东晋墓墓主肖像(《朝阳袁台子东晋壁画墓》,1984)

安魂？分歧主要在于对先秦儒家经典中丧葬观的不同理解，即敬神于庙还是安魂于墓。从实际情况来看，先秦到西汉前期，敬神于庙显然还是主流，西汉以后，尤其是东汉到魏晋时期，虽然敬神于庙仍然存在，但安魂于墓的做法已经非常普遍。

这场争议并没有明确的结论，但此后墓葬的安魂功能事实上得到了强化，具体表现之一就是墓内祭祀空间的确立和扩大、墓主肖像的普及等，东晋以后凡有壁画的墓葬，基本上都有墓主的肖像，它代表了墓主灵魂的存在，是祭祀空间的视觉中心。

辽宁朝阳袁台子东晋墓是一座规模并不大的墓葬（图1-16、图1-17），是砖室墓，在墓室内发现有这么一套祭祀性设施，帷帐下有个供桌，上面放了14个漆盘和饮食器皿，器物里还有一些动物骨骸，显然是祭祀、安魂的地方，这种祭祀空间在东晋墓葬里几乎是标配，

图1-18　昭通东晋霍承嗣墓北、东、西壁壁画摹本（《中国出土壁画全集》，2012）

即便没有这么讲究的祭台和帷帐，也会用一些砖头搭建一个台子，上面供奉饮食。同时，东晋墓葬里普遍出现了墓主人的肖像，墓主人端坐在帷帐之下，两旁有一些供奉饮食的侍者。这个肖像和前面所展示的战国帛画墓主人像不一样，他是正面形象，正面像就相当于一个偶像，强调与观者之间的交流，它是祭祀空间的一个视觉中心。

我们把云南昭通霍承嗣墓的壁画以透视的方式复原一下（图1-18），可以看到，这个端坐于正壁部位的墓主人形象非常高大、非常突出，头顶是天，有日月祥云，还有玄武，左右两壁上部是青龙白虎和祥云，下部是一些武装仪卫、侍卫形象。根据墓主像旁边的文字，可知这是一座招魂葬墓，墓主人死在成都附近，后来在故乡招魂而葬，显然，这个墓主像象征着墓主灵魂的存在，壁画的图像配置也是为了营造一个祭祀礼仪的空间。这幅壁画的绘画水平很幼稚，甚至将东西壁的青龙、白虎画反了，本来青龙应该在东、白虎应该在西，它完全颠倒了，这是画工的原因，他将画稿弄反了，但这种以墓主像为中心的墓室壁画配置方式，应该是东晋普遍流行的做法。

六　复古与创新：南北朝墓葬的功能与空间

到南北朝时期，墓葬的功能虽然基本没有变化，但空间形态上又发生了变化，出现了向汉传统的回归，但在很多方面又出现了创新。向汉传统的回归主要是对墓葬安魂功能的强化，尤其是对地面祭祀性设施的重新重视，墓葬再次成为宣扬儒家伦理教化的场所。具体表现为地面重新出现了封土、陵园这类设施。从曹魏、西晋到东晋，地面上消失了数百年的封土、陵园、碑刻等设施重新出现了，同时，地下的空间形态也发生了变化：

1. 墓室单室化，不像汉代的多墓室制度。到南北朝时期，无论南北方，无论多高等级的墓葬，一般都只有一个墓室，但这个单墓室跟曹魏、西晋时期的相比也有变化，就是纵向向上升高，原来较为低矮的墓室空间向上隆起，变成穹隆顶，地下空间配置也由原来的横向平铺式发展为纵向立体式。另外，在墓壁装饰上，描绘了一套完整的天上、人间和地下世界，墓室好像就是一个浓缩的小宇宙，穹隆顶上绘天象，墓壁绘人间的世俗生活，下部绘鬼神世界，这种图像系统和近似圆形的单墓室结构一起，营造出一个完整的地下宇宙。

2. 流行石质葬具，一般做成房屋形，有的有线刻或者彩绘的图

图1-19 大同北魏文明太后方山永固陵平剖面（《大同方山北魏永固陵》，1978）

像，也有墓主人肖像，模拟出一个像宅第一样的祭祀空间。再配以大量的俑群，共同营造墓室里的礼仪空间。

位于山西大同北部方山上有一座后陵，是北魏文成帝的皇后冯氏的陵墓（图1-19），冯氏后来与孝文帝共同执政多年，被称作文明太后，是北魏历史上非常著名的人物。方山是北魏都城平城北郊的一处行宫所在，除了文明太后的陵墓，还有孝文帝的万年堂，孝文帝后来迁都洛阳后，葬在了洛阳邙山上，所以万年堂只是一个祭祀性设施。方山永固陵值得注意的是，地面上有完善的陵园设施，它在形态结构上与汉传统有所不同，陵园里除了用于祭祀的庙（永固堂）外，还出现了佛寺，叫思远浮屠，也就是说冯太后的陵园将佛寺和陵园结合在一起，这是以前从来没有的现象，反映了北魏佛教的兴盛。北魏作为拓跋鲜卑建立的政权，在定都平城时期，对于佛教的推动是相当大的，著名的云冈石窟就是这个时期开始开凿的（文成帝时期）。

冯太后的陵墓地下空间也比较奢华，虽然这个时期大部分墓葬都已经单室化，但冯太后墓还是有前堂后室，用砖砌出很厚的墓壁，值得注意的是，它的后室是个圆形的墓室，而且隆起得非常高，是个穹隆顶。墓里的石结构构件非常多，像雕刻得非常精美的石门，石结构的流行也可能与佛教信仰有关，代表着佛法永固，云冈石窟就是石雕佛像，跟以前的泥塑不一样。

大同作为北魏前期的都城，还发现了很多北魏时期的官员、贵族墓葬，基本上都是单室墓，有很多墓葬里都出现了石板搭建的房屋，我们叫石椁，既是藏形之所，也是祭祀的空间，石椁的图像系统里也出现了墓主人的肖像，一般是夫妇并坐，前面摆着用于祭祀的器皿，这是一个完备的祭祀空间。

这是太和年间的一座石椁，石椁上有壁画（图1-20），如果把椁内空间复原，可以看出这是以墓主夫妇像为中心的一个祭祀空间。

另一座差不多同时期的墓葬是宋绍祖夫妻合葬墓（图1-21），有个很长的墓道，单室墓，向上隆起得非常高，中间摆放着一具房屋型的石椁，前面还有个供桌，显然有祭祀的功能，石椁周围有一些陶俑，用陶俑群和壁画共同营造了祭祀的空间，这种墓葬兼具藏形与安魂功能。

图1-20 大同北魏智家堡墓壁画(《大同智家堡北魏墓石椁壁画》,2001)

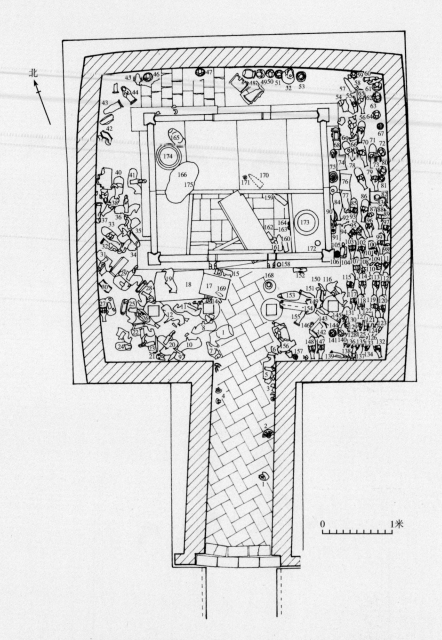

图1-21 大同北魏宋绍祖墓平面图（《大同市北魏宋绍祖墓发掘简报》，2001）

1、156. 镇墓武士俑 2~4、75、106、157. 车轮 5、9、20、22~25、27~29、31、33~36、38、40、41、56、65、66、70、71、78、79、88. 甲骑具装俑 6、8、10~12、19、26、84、116、121、143、149. 马 7、55、77、153、167. 牛 13、169. 狗 14、16. 马鞍 15、90. 羊 17. 供桌 18. 石板 21. 底座 30、32、37、39、42~44、46、47、49~51、53、59、62~64、72、80. Ⅰ式男俑 45、60、61、73、81、87、109、110、122、128、130、134、137~141、146. Ⅱ式男俑 48、68、74、76、126、142. 陶车 52. 人头骨 54、85、86、94~97、99、100、102、103、107、108、111~115、117~120、123、124、127、131~133、135、136、147、148. 鸡冠俑 57、159~162、170. 女俑 58、67、125、129、144、151、152、155. Ⅲ式男俑 69、145. 驮粮驴 82. 灶 83. 井 89、98、104、105. 胡俑 91. 碓 92. 猪 93. 磨 101. 铁器 150. 骆驼 154. 镇墓兽 158、163、164. 碟 165、166. 石灰枕 168. 陶罐 171、175. 琥珀饰件 172. 铁质小件 173、174. 漆盘

图1-22 洛阳北魏宣武帝景陵封土及墓葬平剖面图(《北魏宣武帝景陵发掘报告》,1994)
1. 墓道 2. 封门墙 3. 前甬道 4. 后甬道 5. 墓室

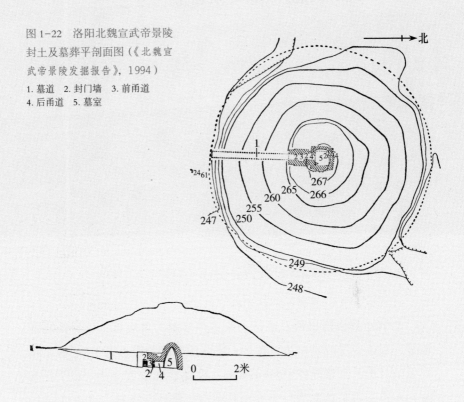

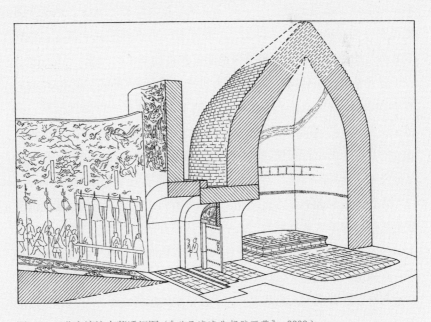

图1-23 北齐湾漳大墓透视图(《磁县湾漳北朝壁画墓》,2003)

1. 西壁第28—34人
2. 西壁第20—27人

图1-24　北齐湾漳大墓墓道壁画局部（《河北磁县湾漳北朝墓》，1990）

  北魏迁都洛阳以后，还是采取这种形制的单室墓，但特征更加明显，宣武帝景陵是洛阳发现的一座北魏帝陵（图1-22），它有个很高大的封土，底部直径105—110米，残高24米，封土中心以下是墓室，前边是很长的墓道，墓室也是单室，但高高隆起，高达将近10米。棺床位于墓室一侧，另一侧应该就是墓内祭祀的地方，地面上虽然没有发现明确的祭祀性设施，但发现有一个石刻的武士像，应该代表着神道的存在，封土和墓道应该能反映墓地祭祀的现象。

  这是在河北磁县发现的，推测为北齐文宣帝高洋的武宁陵（图1-23、图1-24），地面也有个石刻的人像，地下也是单室的穹窿顶形制，有精美的壁画，在墓道和墓壁，甚至墓道地面都有精美的彩绘，壁道壁画绘的是庞大的出行仪仗，斜坡墓道地面画的是莲花，像地毯一样。墓里面发现了大量的陶俑，通过壁画和俑群构成了一个完备的礼仪环境。

  太原发现的北齐高等级墓葬，地面上有封土，墓葬结构、壁画情况跟上面讲的湾漳大墓差不多，四壁和墓顶都有壁画，四壁是墓主人生前生活的图景，墓顶是天象、日月星辰。如果把四壁复原，就是这样的场景：以墓主人肖像为中心，左右两侧是准备骑马和乘车出行的场景，但马上和车上没有墓主人，墓主夫妇坐在正壁的帷帐之下，有饮食、礼乐供奉。显然，这种墓葬的墓室不仅仅是藏形，同时也是一个重要的安魂

3. 忍冬莲花、火焰宝珠

之所，墓主肖像就代表着灵魂的存在，它是墓内祭祀空间的视觉中心。

北齐以后到唐代，墓葬的结构和空间形态基本都在这个基础上进一步发展，只是变得更加奢华，比如唐代墓葬地面部分出现了非常高大的"山陵"，有完备的纪念性和祭祀性设施，如庙、寝、神道、石刻等设施。

七 小结

今天我讲的内容是对中国古代墓葬空间形态的一个考察，主要从墓葬的功能出发来做解读。我将墓葬的空间分为地上空间与地下空间。

地上空间。大约从春秋战国之交开始出现封土，封土的作用主要是标识，个别墓葬还出现了用于供奉饮食的享堂，这种形态从战国一直延续到西汉前期；但从西汉到东汉时期，地面遗迹逐渐丰富，尤其到了东汉时期，墓祭逐渐普及，开始出现高大的圆形封土、祠堂、碑刻等，表明墓地成为重要的祭祀礼仪活动的场所；到魏晋时期出现简化，将地面上的设施都省略了；南北朝时期，地面设施又变得非常齐全，既有标识性的墓碑等，也有纪念性和祭祀性的寝殿、祠堂等，这种形态到隋唐时期继续发展和完善。

地下空间。其实有两种形态，一种是井椁式墓葬，就是黄泉式、封闭性的墓葬，属于秘藏，是一次性埋藏的结果，即"葬也者，藏也。藏也者，欲人之弗得见也"；另一种是宅第式墓葬，大约从西汉前期开始出现，后来逐渐成为主流，它是模仿生前人居建筑，是开放式的空间。这种开放式的宅第式墓在设计理念上也有一个变化，西汉到东汉时期是平铺式排列多个墓室，到魏晋时期变成单室墓后，开始向上隆起，普遍采用穹隆顶，内部空间由以前的横向平铺式发展为纵向立体式。

墓葬礼仪空间形态的变化，实际反映了墓葬功能的变化，如果从魂魄观念出发，墓葬最初只有藏形的功能，西汉前期开始，墓葬逐渐被赋予安魂的功能，墓葬具有了藏形和安魂的双重功能，这种墓葬功能遂成为以后各代墓葬形态设计的根源。

互动环节

问：墓位排列上"卑不动尊"的观点是什么时候开始的？

李梅田：关于墓位的选择和墓地的安排，是一个非常大的问题，每个时期都不一样，有时差别还挺大，一般与当时的政治、礼仪制度相关，也会与风水堪舆学说有关。所谓卑与尊，其实是相对的，有时是按血缘，有时是按地位来确定尊卑。我大致说一下汉唐时期的情况吧。西汉时期关中地区一共有11座帝陵，渭河以北9座，渭河以南2座，每座帝陵都有自己的陵区，它们采取的合葬规制是与后陵异穴合葬，就是帝陵与后陵分别有自己的陵园，一般后陵在东，帝陵在西，陵园的配置和封土的样式都差不多，只有规模的区别。帝陵和后陵显然就是这个时期最尊显的墓葬了，一般来说不能变动，如果有变化，那也是特殊情况，如因为皇后的废立等原因导致的皇后陵位置变动。再看东晋南朝时期，帝后陵墓以及高官贵族墓葬都在都城建康附近，它们流行的是家族墓地制度，一个家族占据一座山，内部再按照辈分、血缘关系等原则来安排墓位，"聚族而葬"可以说是整个南北朝时期最重要的墓位安排原则，血缘关系非常重要，无论帝陵还是世家大族墓地大多是这样，当然南朝墓地选择还有风水术的考虑。南朝是非常讲究风水的，叫择墓术或相墓术。又如洛阳北魏陵区，按照宿白先生的研究，是将九姓帝族、勋旧八姓、降臣等按照血缘关系来排列墓位，沿着瀍河两岸安排。如以道武帝子孙墓地为中心，左右两侧安排孝文帝之前的各帝及其子孙墓位，子孙墓位的排列规律是以父为祖坟，子墓位于左前后或右前后，父子左右夹处，兄弟并列成行分布。到唐代，墓葬的排列又有变化，一般是以帝陵为中心，在帝陵的神道两侧及以南安排陪葬墓，这些陪葬墓不限于皇室成员，还包括大量功臣的墓葬，如唐太宗昭陵有将近200座陪葬墓，这些陪葬墓的墓主很多都是与太宗没有血缘关系的文臣武将。

问：在东魏北齐、西魏北周的时候，很多墓葬里棺床的位置并不固定，有的在西边，有的在北边，或者同一时期既有在西边也有在北边，这是什么样的观念导致这样的结果？

李梅田：看来你对材料比较熟悉。整个北朝时期，墓内棺床好像还是放在一侧的居多，很多都是放在西侧，我印象中放在墓室北侧的不太多，好像主要是西安发现的粟特人墓葬。粟特墓葬另当别论，因为粟特人属于外国移民，他们有自己的宗教、丧葬礼仪，观念方面与中原自然大不一样。不过从考古发现来看，粟特人的墓葬在墓葬结构方面还是基本采取了中国式的墓葬结构，比如有带天井的斜坡墓道、单室墓等，只不过棺床的位置、图像差别较大，这可能与他们自己对于死亡的态度有关，遵循了自己本民族的一些传统。作为移民，最容易改变的是生活方式、衣食住行，最难改变的往往是宗教信仰。所以，粟特人在北朝生活了好几代人，墓室里的图像及所反映的一些信仰方面的东西还是地道的粟特式的。

问：您刚才放的马王堆帛画里有一个类似织物的东西，前面摆放着各种饮食器具，还坐着一些人，您说代表对灵魂的祭祀。我们知道，后世进行祭祀的话，常常有神座，旁边有桌椅，桌上有饮食器具，不知道后世的这种祭祀场所与汉代之间有无一些继承关系？另外，除了墓葬里有神座，墓前的享堂里也有祭祀，宗庙里也会有祭祀，那么古人对于灵魂的空间观念是怎样的？

李梅田：这个问题非常好。关于马王堆汉墓里类似编织物的东西与后来的神座之间有什么关系，我认为，它们都代表灵魂的存在，都是为了安魂，这是我个人的看法。象征灵魂存在的东西很多，比如灵座（神座）、墓主肖像等，宋代墓里有很多桌椅的砖雕或者壁画，应该也是象征灵魂的位置，是受祭祀的对象，有的还更讲究，用石雕出墓主的真身像，如成都的五代前蜀王建墓，在墓里就有一个石真像，其作用应该与壁画中的墓主肖像一样，代表了墓主灵魂的存在，是被祭祀的对象。另外，关于安魂的场所，我这里讲的主要是墓地功能的转化，由最先的单一藏形功能发展为藏形、安魂功能兼备，但是，虽然墓葬具有了安魂功能，并不意味着宗庙或者祠堂祭祀的取消；相反，宗庙或祠堂的祭祀可能更普遍一些。所以，用作安魂的场所并不是唯一的。安魂的礼仪叫作虞祭，它是一种吉礼，是经常性的祭祀，场所并不唯一，其目的主要是生者对死者的纪念，生者与死者之间的沟通。

第二讲

相好庄严
——中国佛教造像散论

中国人民大学通识教育大讲堂

中国物质文化常识系列 —— 第二讲

相好庄严：中国佛教造像散论

主讲人
张建宇 副教授
中国人民大学艺术学院

主讲人简介：
张建宇，中国人民大学艺术学院副教授，兼任中国人民大学佛教艺术研究所副所长。2011年毕业于清华大学，获博士学位，师从著名艺术史家方闻教授。出版著作《枕带林泉——苏州园林之宅园关系研究》、《汉唐美术空间表现研究——以敦煌壁画为中心》等，完成国家社科重点项目"汉传佛教雕塑遗产调查与数字化保存整理研究"、教育部人文社科项目"唐宋时期佛教经藏插图研究"等，曾获北京市第十二届哲学社会科学优秀成果奖。

讲座内容：
佛教有"象教"之誉，重视形象创造。两千余年间，产生了无数精彩纷呈的造像，不仅在艺术品质和义理表达方面臻至完善，更包含了人们的心灵寄托。佛教艺术沿丝绸之路传入中国，深刻影响了中国的文化与艺术。从印度到东土，既有样式传承，也有风格新变，充分体现出东西文化交融之美，同时也构成了一部可从多角度解读的历史。

主持人
姜萌 副教授（中国人民大学历史学院）

时间
9月26日 14：00-16：30

地点
1205（公教一楼多媒体教室）

主办单位：中国人民大学 教务处 ｜ 中国人民大学 历史学院

引 言

今天我想和大家分享佛教造像的题目。因为题目太大，佛教艺术里面有佛教建筑、佛教绘画、佛教雕塑等，所以我把它缩小为佛教雕塑。

首先介绍今天的题目。先说"造像"，它大体等同于"雕塑"，但两者不能完全画等号，至少我今天的讲座里，把雕塑的部分去掉了。雕塑有不同类型，一个主要的类型是尊像，另一个类型是叙事性的，如佛传、本生故事等。我今天讲佛教造像，把叙事性雕塑排除掉，只讲尊像式雕塑。

其次是地域范围。中国佛教造像的核心和指向自然是中国，但讲的过程中，或多或少会涉及印度、犍陀罗、中亚，乃至朝鲜半岛、日本的佛教雕塑。

"散论"这个词，我用时斟酌过，它排除了几个不同的类型。首先排除了"专论"。一般做研究、写文章，都是针对某个特定问题找材料、展开研究，而今天的讲座是一般知识性的介绍，不是聚焦于某个问题来讲，所以不是专论。另一方面，佛教雕塑范围很广，如果用"概论"或"总论"，肯定有明显遗漏，所以我选用"散论"的表述。还有，今天的讲座分三块内容，只有最后一部分按照时空构架来讲，前两部分并不按照时空的架构，举不同的案例时，时空跨度可能很大，所以用"散论"这个词更恰当。

"相好庄严"，这不是文学性或文艺性的描述，而是有所特指，包含"相好"和"庄严"两部分。"相好"指佛像的躯体特征，包括"相"和"好"。阅读佛教经论会知道，佛的形象有很多不同于常人的特征，大的特征叫"三十二相"，小的特征叫"八十种随行好"，简称"相好"，比如头顶肉髻、眉间白毫、手的缦网相等。当然，不是所有的"相"或"好"都能通过形象表现出来的，有些只能以文字加以描述，无法诉诸造型。"庄严"指"庄严具"，或称"身庄严"，是佛像的辅助性造型元素，如头光、身光、举身光、像座等。如果到寺庙的殿堂里，还可见到丝帛做的幢、幡、盖等，这些都属于"庄严"。以上是我对这个题目的简要介绍。

今天的讲座属于通识性讲座,因此我设定了三个原则:一是尽可能简单、基础,不讲专深的内容;二是力求内容全面,范围涵盖面大一些;三是尽可能多举实例,今天给大家看大约三百个造像实例,以典型的、重要的造像实例为主,再辅助少量特殊的、有意思的例子。

我准备讲三个问题:第一,尊格与组合,即造像表现的是谁。第二,材质与工艺,它是用什么做出来的?如何制作?第三,时代与风格,讲佛像的造型特征和历史流变。

一 尊格与组合

尊格,佛教造像表现的是谁?与尊格相关的,还有他们的组合关系是怎样的?

(一)佛(如来)

1. 释迦牟尼

大乘佛教艺术中,会出现很多佛,讲几个比较重要的。首先是释迦牟尼,他是佛教造像中最常出现的佛。按照历史来讲,释迦是佛教创始人。按照大乘佛教理论看,不同时间、空间中会有非常多的佛,释迦牟尼是我们这个世界、这一期佛教的教主。

首先看一件北宋造像(图2-1),也叫旃檀佛像,表现的是释迦,木质的,是中国工匠做的,制作地点在浙江一带。有位日本僧人奝然,从北宋把这尊木像带回日本,藏在京都清凉寺,这尊旃檀像在日本很知名。上世纪修复时,发现佛像体内有装藏,这也是佛像和一般雕塑不一样的地方。制作佛像有特殊的礼仪,不能只看作是三维物,有时里面有"纳入品"。清凉寺旃檀像的装藏里有佛经、版画等。按佛教文献记载,旃檀像是有史以来第一尊佛像,释迦时代有位优填王,他用牛头旃檀木造过释迦的像,简称旃檀像,也叫优填王像。后

图 2-1　旃檀佛像（释迦立像），北宋雍熙二年（985），木，高 160 厘米，日本京都清凉寺

人再造释迦像时，有时也沿用这个名字，历史上曾出现过三种表现形式。总之，这尊像很重要，从中国传入日本，是出中国工匠制作的。

关于佛像，有几个基础知识点，放在释迦这个部分讲。

（1）相好，佛像躯体的主要特征，前面已简单介绍过了。

（2）印相，或称手印。佛像中手的固定形态，叫手印。通过手印，有时可以辨识佛像到底表现的是哪尊佛。比如"上品上生印"，大概可以判断是弥陀像；施"触地印"，很可能是释迦像。现在这尊清凉寺藏栴檀像，右手手印叫"施无畏印"。菩萨行六度，第一度是布施，布施有几种，其中一种叫无畏施，就是在精神上帮助众生，让他们不要害怕，表现在造像上，就是"施无畏印"。左手手印叫"与愿印"，意思是你有什么愿望，可以帮助你满足。这两个手印并不是某佛所特有的，释迦、弥勒佛都常用这两个手印。

（3）威仪。身姿的意思，不外乎四种。一是立，就是站，现在这尊造像就是立像。二是坐，坐比较复杂，有各种坐法，双盘叫"结跏趺坐"，单盘叫"半跏趺坐"，此外还有善跏趺坐、交脚坐、游戏坐等。三是行，就是走，有些造像做出来行走的形象，而不是站立不动，比如"佛降三十三天"题材，说释迦有一次到天界，为他过世的母亲说法，描绘他返回人间的形象，就会做出行走的样子。四是卧，就是常说的涅槃像或卧佛像，右胁而卧，称"狮子卧"。佛传"乘象入胎"情节描绘释迦母亲摩耶夫人，也用卧像，但却是左胁而卧，身姿与涅槃像正好相反。

（4）衣相。指佛衣或袈裟，有不同的样式，比如偏袒式、通肩式、双领下垂式等。

（5）庄严。造像的辅助性造型元素，如头光、身光、举身光、像座等，这些都属于庄严。

刚才我提到过，这个讲座把叙事性的内容去掉了，但有一部分造像是尊像式和叙事性的交集。艺术史经常用一个概念——叙事性或情节式，它与尊像式或偶像式不同。偶像式往往是超越时空的，可以摆一个姿势，脱离具体的时空、情节，只代表抽象的个体本身。但是叙事性艺术则不同，它是在特定时空之中的，要有故事情节，要和其

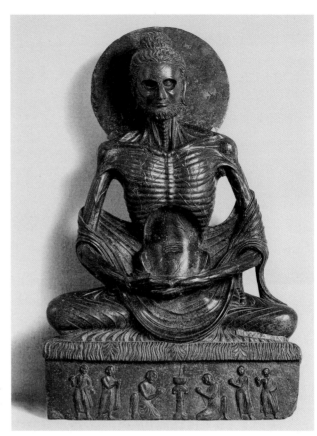

图2-2 释迦苦修像，2—3世纪，犍陀罗，石，高83.8厘米，拉合尔博物馆

他人物交流，是特定时空的产物，这两者是相反的。道理上可以说得很清楚，实际在佛教造像里，二者也有少量交集，主要体现在释迦像上，既是摆姿势的固定形象，同时又有特定的时空和情节。

举几个例子。

太子降生像。释迦降生时一般会被描述成童子的样式，而日本奈良东大寺有尊天平胜宝四年（752）金铜太子降生像表现出佛的样式，实际上他那时还没有成佛，但头顶、面部的特征已经是佛的形象了，这是比较特殊的太子像。

苦修像。释迦出家后有六年苦修，表现这一阶段的释迦叫苦修像，苦修像在巴基斯坦、中国和日本都非常多见。犍陀罗地区的苦修像瘦骨嶙峋（图2-2），表现得很夸张，到中国后改造其造型，让中国人容易接受。

涅槃像，也叫卧佛像，在南亚、中亚、中国、日本、东南亚广为流行。这是莫高窟中唐158窟的涅槃像（图2-3），制作于吐蕃统治敦

图 2-3 释迦涅槃像,中唐,泥塑,长 15.1 米,敦煌莫高窟第 158 窟西壁佛坛

煌时期,这是一座涅槃窟,以释迦涅槃像为主尊。

比较特殊的,有一种"八相成道像"(图 2-4)。这种造像由几部分构成,主尊手施触地印,又叫降魔印,表现释迦成佛那一刹那。降魔像上方和周围有几个小像,表现佛传的七个情节,有佛诞、鹿野苑初说法、佛降三十三天、涅槃等,有的是坐像,有的是立像,加上主尊降魔像,一共八尊,所以叫八相成道像。这种造像自印度波罗王朝传到东南亚和西藏,是比较特殊的一类,既是尊像,同时也描绘了特定的时空情节,是情节式和尊像式的交集。

2. 阿弥陀佛

阿弥陀佛,我们都非常熟悉,在中国、朝鲜半岛和日本特别流行,而在印度几乎找不到其造像。印度本土,今天只能找到一个像座,佛像已经没有了,像座上铭文是阿弥陀佛。美国佛罗里达州瑞林艺术博物馆藏有一件犍陀罗地区的三尊像(图 2-5),现在只剩下两尊,季羡林先生的学生、日本学者辛嶋静志通过释读像座上的佉卢文题记,认为主尊是弥陀,也有其他学者持不同观点。总之,阿弥陀佛像在印度和犍陀罗并不流行。

中国的弥陀像极多,其中一个典型特征是手施上品上生印。九品往生各有特定手印,一共九种,弥陀像施的这种手印是最好的上品上生印。弥陀像,不一定都能通过手印或佛像本身的造型特征辨识,也

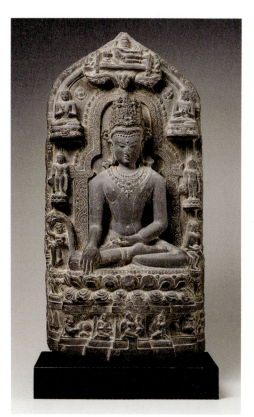

图2-4 八相成道像，11—12世纪，印度东部，石，高75.6厘米，波士顿艺术博物馆

图2-5 阿弥陀佛三尊像（残），3—4世纪，犍陀罗，石，高30.5厘米，瑞林艺术博物馆

有靠造像组合来辨识的,两边胁侍菩萨若是观音和大势至菩萨,也可判断主尊是弥陀。

有少量弥陀像的造型很特殊,介绍两例。下图是五劫思惟像(图2-6),据说这尊像的原型是唐朝善导制作的一尊像。善导是净土宗的一位祖师,活跃于初唐。善导一生画过很多净土主题绘画,但都没能流传下来,历史文献对善导有记载,其在佛教界影响很大。这是日本奈良东大寺的一尊木雕造像,所谓五劫思惟,是说阿弥陀佛在成佛之前还是比丘的时候,便思惟未来成佛,他要创造一个什么样的净土?怎样利益众生?思惟花了五劫,这是个天文数字的时间。

还有回首佛,也非常少见。日本有一位永观禅师,是京都禅林寺住持,他修"般舟三昧"修得非常累,走不动了,据说这时弥陀对他现身,说:"永观,你步行缓慢!"然后带着他经行。后来就做了一

图2-6 五劫思惟像,13世纪,日本,木,高106厘米,奈良东大寺

图 2-7 毗卢遮那佛，辽，金铜，高 21.9 厘米，大都会艺术博物馆

尊回首阿弥陀佛木像，它所在的殿堂叫永观堂。

3. 法界佛像

介绍两种特殊的佛像，第一种是法界佛像。

首先要说下"三身"的问题，这是比较难理解的一个概念。按大乘教义来说，任何一尊佛都有法、报、化三身，其中化身也叫应身或应化身。按照佛教理论，法身没有形象，他以智慧为体，是看不到的，不同于色身。报身和化身属于色身，能看得到，但也会造出来法身佛的形象，就是毗卢遮那佛（图 2-7），或称大日如来。法身佛往往头戴宝冠，比较特殊，手施智拳印。这是教义和造像不一致的地方，经论上讲法身不可见。关于三身，有一些比喻，比如以"月"为喻。法身相当于月光，月光是看不到的，只有投射到物体上才能看得到，法身也是无形无相的。月亮相当于报身，是圆满的，可以看得到，报身是卢舍那佛。月光投射到水里，所谓"千江之月"，相当于化身，释迦就是化身佛。理学也用"千江之月"这个比喻，但和佛教所表达的义理不同。

关于法界佛像，学界有很多争论。这种佛像身上，或绘制或雕塑出众多图像，常见的有须弥山、宫殿、日月、六道众生等，往往非常精彩，自南北朝晚期到辽代流行。关于其尊格有不同说法，有的学者认为是卢舍那佛，就是法、报、化三身中的报身，把它叫作"卢舍那法界人中像"，我个人比较倾向这种看法。还有的学者认为是释迦佛，就是应化身。美国学者何恩之（Angela Falco Howard）则将其命名为"宇宙之佛"（Cosmological Buddha），美国博物馆的展签上常能见到这种表述。

图 2-8 法界佛像（残），隋，石，高 176.5 厘米，弗利尔美术馆

图 2-9　法界佛像，唐，金铜，高 14.1 厘米，故宫博物院

现在称其为"法界佛像"，暂不做判断，这类佛像到底是卢舍那佛还是释迦牟尼，未来还可以再讨论。总之，这是比较特殊的一类佛像。

现在看到的是美国弗利尔美术馆藏的一件圆雕石像（图 2-8），应该是隋代前后在中国东部地区制作的。当时法界佛像在中国东部和西部都流行，青州、临朐、安阳等地都发现过这样的造像，敦煌北周 428 窟南壁上也有该题材的壁画，说明南北朝晚期时在中国非常大的范围内，从山东到甘肃最西边，都流行这个题材。一直到唐朝，这种像还流行，巴黎吉美亚洲艺术博物馆藏有一尊唐代法界佛像，故宫博物院也藏有唐代法界佛像（图 2-9），为清宫体仁阁旧藏，他肩膀上明显出现了日月，下面是宫殿和须弥山，再下来有六道众生等。法界佛像一直流行到辽代。

4. 双头瑞像

再举一个不太多见的造像——双头瑞像。据说古印度就有，玄奘在《大唐西域记》卷二"健驮逻国"条里有记载。古印度比今天的印度范围大，包括巴基斯坦、孟加拉国和阿富汗的一部分。玄奘在健驮逻（即犍陀罗）国的迦腻色迦大塔上看到过绘制出的双头瑞像，"高

图2-10 双头瑞像，西夏（13世纪初），泥塑，高62厘米，艾尔米塔什博物馆

一丈六尺，自胸已上，分现两身，从胸已下，合为一体"。玄奘还记载了这个像的传说，两个穷人求画佛像，但出钱很少，工匠就画了一体双头的像。这两个人对是否可以这样制像心生怀疑，这时佛在他们面前现身了。这是双头瑞像的文本依据，出自《大唐西域记》。上图是我在圣彼得堡的艾尔米塔什博物馆拍的双头瑞像（图2-10），出自内蒙古黑水城遗址，是一尊西夏时期造像。敦煌也有双头瑞像，集中在中唐至五代，但都是绘画。

（二）弟子与罗汉

我刚准备讲座的时候，把这部分分为四类：弟子、罗汉、祖师、神僧，都是以僧人的形象出现的，后来减为两类。当然他们之间是有交集的，比如释迦的大弟子迦叶，既是弟子，也是罗汉，还是祖师。

所谓神僧，如宝志和尚、僧伽大师、布袋和尚等，也是很多见的。这四类像具有明显的人间性，造像本身没有那么多规定。比如罗汉形象，有年轻的，有年老的，还会表现出性格、地域差异等，是最人间化的佛教造像，不像佛像造型有那么多规定。

举两个弟子的例子，最常见的是迦叶和阿难。在中国，这两个形象常常是成对出现的。大弟子迦叶，通常以年老的胡僧形象加以表现。麦积山宋代的泥塑迦叶像表现的就是年纪苍老、面容坚毅的胡僧形象。小弟子阿难通常为年轻的汉人比丘形象，比如山西博物院所藏天宝十一载（752）的白石阿难立像，出自五台山佛光寺。刚才讲的迦叶是"头陀第一"，修苦行；阿难则是"多闻第一"，他记忆力非常好，据说佛经基本都是靠阿难背诵出来的。在佛教史上，这两个弟子非常重要，所以出镜率也最高。他们往往成对组合，在中国成为固定配置，一左一右，一老一少，还有特别重要的就是一胡一汉。这样的艺术表现形式也是一种象征，象征着佛教从印度传到中国，有一

图 2-11　弟子像，盛唐，泥塑，敦煌莫高窟第 45 窟西壁主龛

图2-12　罗汉像，北宋元丰二年（1079），泥塑，山西长子县崇庆寺

种传法思想在里面。这是敦煌莫高窟盛唐第45窟主龛里的两身弟子像，非常精彩（图2-11）。

　　罗汉，通常会成组出现，有多种数量组合。比较常见的有十六罗汉，文本依据是玄奘译的《法住经》。还有十八罗汉，这是到汉地后的改造，在十六罗汉之外又增加了两身罗汉，但其身份有不同的说法，总之，由十六尊者演化为十八罗汉。后来又出现了五百罗汉，宋朝有人从《大藏经》里辑出五百罗汉的名号，造像在中国也算常见，不少寺院里有五百罗汉堂。罗汉堂里的形象有诸多变化，对于这么多罗汉，工匠力图在年纪、性格、地域性等方面塑造出差异，避免雷同。这是山西长子县的崇庆寺，这里保存了一堂北宋时期的十八罗汉像（图2-12）。同时期北方很多地方都出现了极精彩的罗汉群像，如河北易县八佛洼、山东长清灵岩寺等。

（三）菩萨

　　菩萨像也比较复杂。佛教中的菩萨非常多，按佛教教义，从发了菩提心，一直到成佛之前都是菩萨，有很多位次差别。需要强调的是，不是所有的菩萨都以菩萨的形象表现出来，比如善财童子是菩萨，但大多以童子的形象出现。再如龙树也是菩萨，通常以僧人的形象表现出来。

我现在要给大家看的，是位次很高的三位大菩萨，他们既是菩萨，也大多以菩萨的形象出现，当然也有变体。一是弥勒，他是未来佛，释迦的继任者，另两位是观音和文殊。大乘佛教有慈悲和智慧这两大特征，代表这两种特质的就是观音和文殊，观音代表慈悲，文殊象征智慧。这是出镜率特别高的三位菩萨，我用他们做例子，让大家看看，同一位菩萨，却有多种造像类型。

1. 弥勒菩萨

弥勒是未来佛，有以菩萨形象表现的，还有以非菩萨形象表现的。

弥勒信仰和造像在印度本土并不流行。在中亚和犍陀罗地区很多见，造像有立像和坐像的变化。犍陀罗的弥勒菩萨像一般有两个突出的图像志特征，一是头发是散开的，二是手持水瓶，具有这两个特征的就可以认定为弥勒（图2-13）。这是巴基斯坦白沙瓦一带的做法，与汉地净瓶为观音图像志的情况不同。在犍陀罗地区，多出现一佛二菩萨的三尊像形式，两旁的胁侍菩萨，一位是弥勒，另一位是观音。观音拿莲花，弥勒持净瓶。

弥勒第二个常见的形象是交脚。交脚这种坐姿最初用于中亚地区王者的形象上，后来被佛教美术吸纳，用这种身姿描绘兜率天宫说法的弥勒菩萨。这是一件迦毕试石雕，收藏在巴黎吉美亚洲艺术博物馆（图2-14）。迦毕试，《大唐西域记》称为"迦毕试国"，在今天阿富汗喀布尔一带。交脚弥勒的形象在中国也非常多见，从新疆沿着河西走廊一直东传到河北。大家到河北博物院参观，有关曲阳修德寺部分第一尊造像就是交脚弥勒，是修德寺最早的造像。修德寺造像绝大多数是白石造的，这件恰恰不是白石，而是砂岩的交脚弥勒像（图2-15）。

弥勒有时候不表现为菩萨，而变成了佛像，为什么会这样呢？按照佛教的观点，这一期佛教的教主是释迦牟尼，过一个天文数字的时间之后，下一个要成佛的是弥勒。如果描绘"现在进行时"的弥勒，就表现为菩萨像，兜率天宫说法的弥勒就是菩萨像。如果表现未来已成佛时

图 2-13 弥勒菩萨立像,3 世纪,犍陀罗,石,高 163.2 厘米,大都会艺术博物馆

图 2-14　兜率天宫的交脚弥勒菩萨像，1—2 世纪，阿富汗，石，吉美亚洲艺术博物馆

的弥勒，自然就应该是佛的形象，这是不同时态的区别。现在看到的是一尊交脚佛像，是敦煌"北凉三窟"中第 268 窟的主尊（图 2-16）。当然，对他的身份有争论，敦煌主流学者认为是弥勒佛。弥勒佛常见的身姿还有倚坐，或称善跏趺坐。唐代流行倚坐弥勒佛像，比如光宅寺七宝台制作于开元十二年（724）的弥勒佛三尊像，再如乐山大佛等。

　　刚才说过，"现在进行时"的弥勒是菩萨像，"未来时"是佛像，此外还有第三种弥勒形象，俗称大肚弥勒。五代有位布袋和尚，号长汀子，很知名。他还是位诗人，有诗集传世，其中一首我很喜欢："一钵千家饭，孤身万里游。青目睹人少，问道白云头。"布袋和尚过世后，人们认为他就是弥勒的化现，所以汉地经常以布袋和尚的形象表现弥勒，叫大肚弥勒。这是汉传佛教地区所特有的，印度和中亚，哪怕是中国的藏地，都不流行这种样式。这是杭州飞来峰的布袋和尚像，元代所造（图 2-17）。飞来峰元代造像多见藏传风格，同时也有

图 2-15 交脚弥勒菩萨像,北魏,曲阳修德寺,石,高 44 厘米,河北博物院

图 2-16 交脚佛像,北凉,泥塑,高 76 厘米,敦煌莫高窟第 268 窟西壁

图2-17 布袋和尚像，元，石，高180厘米，杭州飞来峰

汉式风格，以布袋和尚为代表。以上讲的是弥勒的三种形象。

2. 观世音菩萨

观音，也叫观世音、光世音、观自在等，观音信仰在南亚、中亚、东亚和东南亚盛行，可谓无远弗届。魏晋南北朝时期，随着法华和净土信仰的普及，观音的形象在中国广为流行，唐代密宗兴起后，观音形象更加多元化。观音造像非常复杂，大概分为三类：一类是圣观音，一般的观音；二是密教观音；三是本土化了的民间观音。其实还有救苦观音，描绘的是《法华经·普门品》，但这类形象多数在绘画里出现。此外还有流行于云南的阿嵯耶观音等。

（1）圣观音

所谓圣观音，就是一般的观音。玄奘在《大唐西域记》卷七"摩揭陀国"条中记述他所见到的一尊观音菩萨像："躯量虽小，威神感肃，手执莲华，顶戴佛像。"文中点出观音像的两大特征，一是手执莲花，二是头顶化像。这种形象不仅印度有，在中国南北朝时期特别流行。美国波士顿艺术博物馆展出一尊高大的石雕观音像（图2-18），

图2-18 观音立像,北周或隋,石,高249厘米,波士顿艺术博物馆

图2-19 十一面观音像立像龛(局部),唐(8世纪初),石,高138.8厘米,东京国立博物馆

北周或隋代所造，关中造像风格。关中是北周、隋唐都城所在，其都城，隋代叫大兴，唐代叫长安，就是今天的西安。这尊观音像双手持莲蓬，头顶宝冠上有化佛，这都是观音的图像志。

（2）密教观音

密教观音，有七观音、九观音、十一观音等说法，观音形象出现很多变体。七观音中也有圣观音，和显教的观音像没有区别，此外还有十一面观音、如意轮观音、千手观音、马头观音、准胝观音和不空羂索观音。简单介绍一下其中三种。

十一面观音像出现在印度，最早见于印度坎黑里（Kanheri）第41窟，大约在5世纪末至6世纪初，相当于中国的南北朝时期。到了初唐，中国也开始流行十一面观音像。比如七宝台造像，在长安光宅寺有一座七宝台，武周时期所造，七宝台里面放了很多造像，这些像大多流失到日本和美国，最重要的收藏地是东京国立博物馆（图2-19）。七宝台造像里有7件十一面观音像，头顶做出较小的十面，分三层，分别是一面、四面和五面，连同观音的面部，合为十一面。

如意轮观音，一般是六臂的，这种观音形象明显受到更早流行的半跏思惟像的影响。现在看到的是六臂如意轮观音，造像不大，白檀木制作，大约8至9世纪之物，藏在奈良法隆寺（图2-20）。关于这尊像的制作者，目前还有争议，有人认为是唐代工匠造的，后来被带到了日本，还有人认为是日本工匠造的。

千手观音，俗称千手千眼观音，北大李崇峰教授在前几年的会议上说，根据文献记载，这种造像古人称"千手眼大悲"。大悲就是观音，观音是象征"悲功德"的。重庆大足宝顶山第8号的著名千手观音造像，有八百多只手，南宋淳熙至淳祐年间（1174—1252）所造。这类形象的雕塑比较难做，大家可以想想，绘制出来很多手相对容易，雕塑则比较困难，所以千手观音像的雕塑比绘画更难得。

（3）民俗观音

民俗观音，就是本土化的观音。这里介绍两类，一类是文人化的观音像，二是民间流行的观音像。

最具文人化色彩的是"水月观音"。按照张彦远《历代名画记》

图 2-20　六臂如意轮观音像，唐（8—9 世纪），木，高 17.9 厘米，奈良法隆寺

卷十的记载，唐朝画家周昉创造了水月观音这种形象，所谓"菩萨端严，妙创水月之体"。水和月，从佛教的角度，都是表法的，用它们来讲空性，同时这也是一种文人化的雕塑形式，符合文人的趣味。在水边石畔上，观音游戏坐，自在惬意，有时还配上背景，描绘出山水和紫竹林等。这是中国在唐朝出现的、宋朝广为流行的一种观音形象，北京法海寺也有明代的水月观音壁画。四川安岳毗卢洞的水月观音，当地人叫"紫竹观音"，后面做出竹林，其实就是水月观音，是非常优美的一尊宋代观音像。这是在美国纳尔逊·阿特金斯博物馆藏

的一个宋代木雕水月观音,造像高大,气度端庄娴静(图 2-21)。

我们常听人说,观音后来由男变女了,其实不准确,我一般说观音形象女性化了,并不代表观音变成女性,这是不一样的。非常明显的是,观音的躯体还保持了男性的特征。观音是大士,大士这个词等同于菩萨,他还是个男子。为什么要呈现女性化呢?菩萨有两大特征,一个是慈悲,一个是智慧,为强调他的慈悲,往往会用女性化的面部加以表现,此外这样也更利于女性信众在家中供养。我们可以说观音女相男身,女性化,但绝不是变成女性,说他是"观音姐姐"是不合适的。再比如,日本有一尊"杨贵妃观音",在京都泉涌寺,这是中国造的,后来传到了日本。传说这尊像是照杨贵妃造的,实际不可能,它比杨贵妃的时代晚。非常明显的是,尽管面容姣好,但是有胡须,因此只能说是女性化的大士,女相男身。

菩萨的第二个特征是智慧。照我的理解,游戏坐就是为了突出菩萨的智慧,所谓"菩萨清凉月,游于毕竟空"。菩萨是为度众生到这个世界来的,为了描绘他对尘世的不沾不滞、游戏三昧的状态,所以用游戏坐来表现。当然,文人也比较欣赏这样的形象。所以,水月观音的造型在唐朝以后,特别是宋朝广为流行。

斯里兰卡阿努拉达普拉古城(Anuradhapura)所出的观音像,藏在科伦坡国家博物馆里,非常有名。此外,大都会艺术博物馆、波士顿艺术博物馆(图 2-22)也各有一件类似的观音坐像,都是 8、9 世纪的斯里兰卡雕塑,目前我找到的就是这三件。更早的时候,斯里兰卡并不流行这样的观音像,8 世纪以后突然出现,我怀疑可能受到了中国水月观音的影响。当然这还只是猜测,需要慎重地梳理材料来论证。

最后简要介绍一下送子观音。明清时常见,比如北京故宫博物院所藏的清代德化窑送子观音,完全是民俗化的观音形象,满足老百姓的需求。

3. 文殊菩萨

文殊是代表智慧的菩萨,出镜率非常高,先介绍文殊菩萨的一般图像志特征。

图 2-21 水月观音像，宋，木，高 241 厘米，纳尔逊·阿特金斯博物馆

图 2-22 观音坐像，8 世纪，斯里兰卡，青铜，高 15.24 厘米，波士顿艺术博物馆

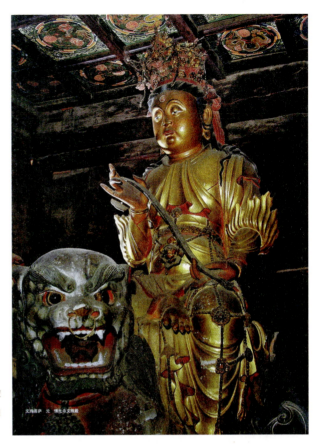

图 2-23 骑狮文殊菩萨像（局部），金，泥塑，五台山佛光寺文殊殿

（1）图像志（狮、如意、经书、宝剑）

文殊菩萨的一大特征，是经常和狮子在一起，骑狮或坐在狮背的莲座上，狮子成为文殊的象征物。

文殊菩萨还有一个常见特征，是手持如意。譬如"维摩诘经变"题材，无论绘画还是雕塑，都会描绘维摩诘和文殊对坐的场景，文殊往往手持如意。这是五台山佛光寺的文殊殿，是金代建筑，里面的塑像也是金代的，主尊文殊手持如意（图 2-23）。

文殊菩萨的另一个常见持物是经书，有的是经箧，印度和中国西藏都发现过这种梵夹装的经书，汉地流行卷轴装。总之，文殊手持经书，象征着智慧。大足北山第 136 号有一个南宋石雕文殊像，坐下骑狮，手持经书。请大家注意，观音的坐骑是犼，文殊则骑狮，有点接近，实则不同。

文殊菩萨还有一个图像志是宝剑，藏传佛教流行四臂文殊像，标志物就是宝剑和经箧。

（2）三种特殊的文殊像

有一种特殊的文殊像，乍看有点儿像千手观音，叫千臂千钵文殊，这是密教的文殊。太原市中心的崇善寺里有明代三大土像，居中的是千手观音，他的左侧是千臂千钵文殊（图2-24）。

这是一尊日本镰仓时代文殊像（图2-25），现在用它介绍两类特殊的文殊形象，因为它同时具有两种文殊像的造型特征。首先是童子文殊，或称童贞文殊，其面容不是通常的菩萨形象，而是童子形象，这是比较特殊的一类像。这件雕塑还有一个更特殊的造型特征，头顶上做出五个凸出的发髻，这也是表法的，五个发髻象征着五种智慧，这种造像叫"五髻文殊"。这尊镰仓木像既是童子文殊，也是五髻文殊，非常特殊。

图2-24 千臂千钵文殊像，明初，泥塑，约高830厘米，太原崇善寺

图 2-25 五髻童子文殊像，镰仓时代（13 世纪），木，高 43.3 厘米，东京国立博物馆

（四）护法

有人叫护法诸天，古人称多少多少"天"，还有人叫护法诸神。我想来想去，还是叫"护法"最合适。因为严格来说，护法不都是天，比如"天龙八部"，这个名称明确告诉大家，"天"属于天界，"龙"属于畜生。再如阿修罗，又叫非天，像天而不是天，他是护法，但不属于天界。

佛教中护法特别多，成组出现的护法就有八神王、十神王、天龙八部、二十诸天、二十四天、二十八天等。今天我只选三个讲，这三个都与东西文化交流有关，属于比较有意思的部分：一是毗沙门天王，也就是多闻天王或北方天王；二是毗那夜迦，是印度流行的神，即象头神；三是诃梨帝母，也称鬼子母。

1. 毗沙门天王（Vaisravana）

首先要辨析两个概念，天王和力士是不一样的，都是护法，但属于两类，级别不同。身穿盔甲、足蹬战靴的是天王；赤背、跣足的是力士。他们的持物往往也有区别，力士通常持金刚杵，天王的持物比较复杂，有历史性变化。

这是北京云居寺太极元年（712）石塔的局部，上世纪初时浮雕还是完好的，现在已经残了，但通过身体可以看出，塔门一侧身穿战袍、足蹬战靴、脚踩地鬼的是天王，另一侧亦背、跣足的是力士（图 2-26）。造像差异很显著，但功能是一致的。需要注意的是，天王的造型是历史性流变的结果，最初的天王像并不是穿盔甲或战袍、踏战靴的，而是跣足的。从犍陀罗佛传浮雕"四大王奉钵"中可以看出，犍陀罗的天王造型和后来汉地的很不一样。

汉地的天王，可以分两类，一是中原式天王，二是西域式天王。比较早的中原式天王，如公布不久的成都下同仁路遗址出土造像中，发现的手托宝塔天王像（图 2-27）。这批造像早的到南朝梁，大概 6 世纪中期，晚的到唐代。北方天王，音译叫"毗沙门天"，意译叫"多闻天王"，叫"北方天王"也可以，他经常手托着塔，叫他"托塔天王"也勉强可以，如果叫"托塔李天王"就是附会了。他身穿战袍，中原式战袍的特点是相对短一些，不过膝盖，中原地区的武将就是这样的装束。龙门石窟奉先寺也是这样的造型，这是高宗武周时期造的，天王手托塔，身穿到膝盖的战袍，这是中原式战袍的下限，最长就到膝盖，足踏地鬼。

第二类是于阗式天王或西域式天王，多见于新疆和田一带。于

图 2-26　田义起石塔旧影，太极元年（712），北京云居寺

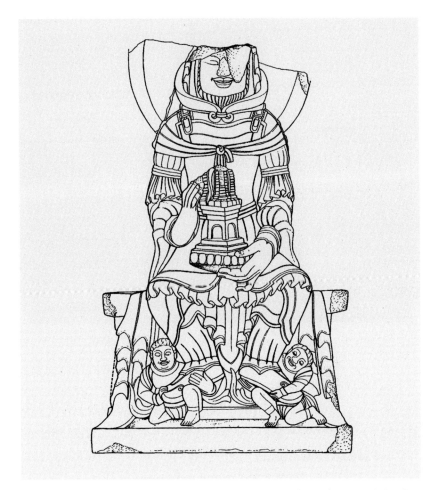

图 2-27 毗沙门天王像，6 世纪下半叶，石，高 37.5 厘米，成都下同仁路遗址出土

阗有很多绘画，不属于雕塑，这里的天王像可举出两点和中原式不一样：第一，他是身着长甲，战袍样式和中原不同；第二，这里的毗沙门天王通常形成图像组合，底下往往有地天，托举着天王。这两类天王在中国和日本并行发展，中原式和西域式的都有。总体来讲，中原式更多一点，但西域式的流传，时间上也很久，空间上也很广。

这是西域式天王，法门寺出土"鎏金四天王盝顶银宝函"上的毗沙门天（图 2-28）。这个宝函，其实是舍利容器，四天王各占一面。法门寺发现了四套舍利容器，一个盛真身舍利，另三个盛"影骨"，形式各不相同。一直到日本，西域式天王继续流行，身穿长袍，底下有地天，是代表土地的神，多数时候为女性，叫"坚牢地神"（Pṛthivī），《金光明经》里对她有具体描述。

77

图 2-28　鎏金四天王盝顶银宝函之毗沙门天王像，唐，扶风法门寺地宫出土

2. 毗那夜迦（Vighnayaka）

象头神，印度教叫迦纳什（Ganesa），佛教叫毗那夜迦。为什么长象头呢？印度有很多种说法。他是印度教三大主神之一湿婆（Shiva）与雪山女神帕尔瓦蒂（Parvati）之子，生下这个孩子后，湿婆不怎么见他，几乎不认识这个孩子。有一次雪山女神洗澡，让这个儿子在外面看着，这时湿婆回来了，看到孩子长这么大，不认识，误会了，一剑下去，把他儿子的头砍下去了。后来发现是自己的孩子，赶紧找了一个象的头给他安上。这是印度对象头神来历流传比较广的一个传说。

迦纳什在印度特别流行，是"智慧之神"和"除障碍者"。我记得在印度考察时，车走到半路，停到一个很小的加油站，发现那里居然也供着象头神。我所见的印度最早的象头神，是古吉拉特邦出土，大约为6世纪，双臂。后来的印度象头神多为四臂。

他进入佛教后叫毗那夜迦，有护法、除障两大功能，地位不高，出镜率也不太高，这是相对而言。中国北朝时，八神王、十神王中多数会出现象神王（也叫象头神、象鼻神、毗那夜迦、欢喜天）。这是东魏武定元年（543）骆子宽造像碑上的象神王（图2-29）。他在佛像的造像碑或石窟佛坛上，经常以护法的形象出现，不是单独出现，而是成组地和其他护法神王一起出现。

图2-29 骆子宽造像碑之象神王，东魏武定元年（543），石，波士顿伊莎贝拉·斯图尔特·加德纳博物馆

图2-30 鎏金铜象首金刚熏炉之象首（局部），唐，扶风法门寺地宫出土

单独出现的较少见,这是法门寺佛塔地宫出土的一件唐代五足熏炉(图2-30),前几年在丝绸之路大展上展出过。据说象头神好食香,以香为食,所以做熏炉时,在钮上做出象头神,非常有意思,也很贴切。

3. 诃梨帝母(Hariti)

这是一个特别复杂的主题,在此只能简单说两句。也称鬼子母,音译为诃梨帝,或诃梨帝母。她有很多孩子,很宝贝自己的孩子,却吃别人家的小孩儿,后来被释迦降服,不再吃小孩,并接受供养。义净三藏在《南海寄归内法传》里记载,印度在供僧的时候,同时也供诃梨帝母,不让她吃小孩,要供她。戒律里也记载,比如《根本说一切有部毗奈耶》记载要供诃梨帝母。所以在西方(指古印度)寺院,门屋或做饭的地方供诃梨帝母的形象,她抱着小孩,脚下还有三五个小孩,每天都要给诃梨帝母像供食。

诃梨帝母的形象在犍陀罗、印度比较多见,可分为立像和坐像,也可以分为单独的诃梨帝母,以及与她丈夫在一起的像,她的丈夫叫般支迦。此外,还可分为慈母的形象和恶神的形象。现在看到的是慈母的形象,大英博物馆藏犍陀罗诃梨帝母坐像(图2-31),这种造型比较多见。白沙瓦博物馆藏有一尊变成了恶神的立像,口生獠牙,四臂,左上臂手拿三叉戟,右下臂托着小孩,是不多见的武装了的诃梨帝母。

在印度的阿旃陀、埃洛拉石窟里都有诃梨帝母像,有时是以她为主尊,有时她和丈夫般支迦成为一对组合。当孩子很多的时候,还会做出乳母的形象,图像逐步扩展。诃梨帝母有保护小孩儿的功能,所以其形象在很大的范围内,很长的历史跨度内流行。这是我在印度尼西亚拍到的一个诃梨帝母像(图2-32)。在爪哇岛门杜寺(Candi Mendut),距离著名的婆罗浮屠非常近,同属一个时代,大概相当于中国唐朝。进门杜寺往前走,快进门的地方,左手有个诃梨帝母的浮雕,是慈母形象的诃梨帝母,浮雕中孩子很多,还出现了乳母。

到了中国,诃梨帝母形象在新疆和内地都很多见,而敦煌几乎没有。中国内地的诃梨帝母形象分四类,这里讲三类,还有在《揭钵图》里展现的,不属于雕塑,就不说了。第一类是诃梨帝母与般支迦的组合,这是早期的造像组合,云冈第9窟出现过,后期这种组合不

图 2-31 诃梨帝母坐像，3—4世纪，犍陀罗，石，高77厘米，大英博物馆

图 2-32 门杜寺诃梨帝母浮雕，8—9世纪，石，印度尼西亚爪哇岛

图 2-33　诃梨帝母群像，南宋，石门山第九龛

再流行。第二类，诃梨帝母作为护法诸天中的一员，是最常见的一种情况。云居寺弥陀殿二十诸天中的诃梨帝母，女像，带着小孩，判断是诃梨帝母或鬼子母。这个像在抗战期间被毁掉了，现在能看到的是上世纪初留下的老照片。护法诸天中的诃梨帝母像最多见。第三类是单独供养的诃梨帝母，她成了图像组合的主尊，地位变高了。巴中石窟南龛第 68 号，诃梨帝母以贵妇人形象出现。有些时候，诃梨帝母甚至凤冠霞帔，俨然皇后的形象。这是重庆大足石门山第 9 号龛（图 2-33），诃梨帝母居中，两侧出现乳母。在大足，至少有两龛这样的造像。

在日本，诃梨帝母继续流行，因为其功能，很多人都需要，祈求顺产、护佑小孩儿等。东京有个鬼子母堂，里面供奉着鬼子母，据说香火很好。

在佛教图像里，虽然护法的地位并不高，但刚才讲的毗沙门天、毗那夜迦和诃梨帝母，都包含着丰富的文化交流因素，学术价值比较高，这是其共通处。此外，我所选择的三个护法，还分别代表着三种不同身份,情况各不相同。第一位毗沙门天是铁杆的佛教护法,从早期的佛教图像一直到晚期都很流行,地位非常稳定。第二位毗那夜迦,由婆罗门教或印度教转化到佛教系统里的,是被"统战"过来的神,在佛教里的地位和出镜率都不是很高,但很有意思。第三位诃梨帝母,是位民间的神,纳入佛教系统后,流传非常广,满足民间祈求顺产、保佑小孩等现实需求,有很多信众。

(五)飞天与伎乐

我把飞天和伎乐放在一起讲,他们有些在表现天国时出现,有些在表现净土时出现,有时候仅作为一般的装饰性母题出现。

1. 化生童子

首先看一下天人的出生。佛教认为,不同的生命形式,出生方式不外乎胎、卵、湿、化四种。比如人是胎生,一部分动物是卵生,还有些是湿生,另有一类叫"化生"。比如天人,化生是天人的主要出生方式。现在给大家看的是一个手持花环的化生天人,用今天的话讲

图 2-34 莲花化生,6—7 世纪,新疆和田地区,灰泥,高 16.5 厘米,大都会艺术博物馆

图 2-35 飞天，北魏，巩义石窟第三窟中心柱正面（南面）

叫天人 baby。这个小的天人，是怎么出生的呢？日本学者吉村怜写了一本很厚的书叫《天人诞生图研究》，主要讨论天人诞生图像的类型和流变。吉村怜认为，天人 baby 的形象有两种，一种是由花里生长出来的，所谓莲花化生（图 2-34）；还有一种是这朵莲花慢慢变成了天人，是由莲花变出来的，不是从里面长出来的。

2. 飞天

等他们长大以后，有的会变成飞天。飞天也是印度、中国和日本都很常见的形象。印度的飞天形象，我们认为稍稍沉重了一点，是否能飞得起来，有点令人怀疑。到了中国，就出现变体了。特别是在北魏晚期，大概 6 世纪初（500—530）的时候，做的造像最清瘦，就是秀骨清像、褒衣博带，强调服饰和披帛，感觉好像真的能够飞起来了。这是巩义石窟里的飞天（图 2-35），以前出版《中国美术全集》时，扉页上就选这身飞天作装饰，非常优美。

3. 伎乐

伎乐，或天宫伎乐，流行于中亚、中国新疆和中国内地，也是非常有魅力的一类图像，他们通常是吹拉弹唱的形象，表现天国或表现净土。它还是研究音乐史极重要的材料，尽管我们用这些形式来诠释天人，但实际上他们所用的乐器，都是现实生活中能够见得到的。比如琵琶，有直项琵琶、曲项琵琶，来源各不相同，可以用来研究乐器的历史和传播。

4. 半人半鸟（迦陵频伽、共命鸟）

最后讲两个特殊的主题，都是半人半鸟，第一个叫"迦陵频伽"。

在古代丝绸之路沿线，各地都能见到半人半鸟的形象。在不同的文化中，他们的身份不同。比如古希腊的半人半鸟叫塞壬（Siren），歌声特别优美，导致航海的人迷失航向。琐罗亚斯德教，在中国叫拜火教或祆教，有祭祀鸟神，也是半人半鸟的形象。还有中国汉代的千秋，大家知道"千秋万岁"吧，汉代墓葬中常见的一对形象，其中千秋就是人和鸟的混合体。汉代老君的形象，也出现过人身鸟头的情况。佛经里也记载半人半鸟，最知名的是迦陵频伽，也叫妙音鸟，到中国才出现了图像创造。我前段时间到敦煌考察，西魏249窟窟顶北坡上有个半人半鸟，解说员讲这是迦陵频伽，我想来想去认为还应该是千秋，从背后文化语境来看，敦煌出现迦陵频伽，要再晚一些。总之，这是很有意思的题目，这些半人半鸟形象，是相互传播的，还是各自产生的呢？值得思考。

图2-36 迦陵频伽，西夏，红陶，西夏王陵出土，西夏博物馆

图 2-37 共命鸟，6—7 世纪，陶，高 11.7 厘米，和田县约特干出土，东京国立博物馆

佛教的迦陵频伽，也叫妙音鸟，很多经典都记载，比如《阿弥陀经》。举两个例子，这是西夏王陵的半人半鸟（图 2-36），西夏的这类形象很常见，样貌非常稳定。在日本佛像中，特别是表现西方净土主题的作品里，经常会出现迦陵频伽的形象。喜马拉雅艺术中也可见迦陵频伽的形象。

第二个主题是共命鸟，或命命鸟，是一个鸟身、两个头的形象，佛经里也有记载。《杂宝藏经》讲了这么一个故事，雪山上有一只共命鸟，一个身子两个头，其实它们是两个生命，有一个鸟头在吃美食的时候，另外一个鸟头心生嫉妒，你吃好吃的，它就吃毒果，结果两只鸟都被毒死了。《杂宝藏经》说，吃美食的鸟头是释迦的前生，吃毒果的是提婆达多的前生。提婆达多专门和释迦作对，《法华经》还有专门一品叫《提婆达多品》。当然，不同的经典有不同的记载，描绘净土的经典中，共命鸟应该就不是提婆达多和释迦前生的共命鸟。这个例子是新疆于阗的共命鸟（图 2-37），两个头，一男一女，很像一对夫妻。共命鸟间也有区别，简单地看是双头的半人半鸟，其实有不同类型。于阗共命鸟的两头都是人形，一男一女，很亲密；而山西隰县小西天的共命鸟，是明代悬塑，两个头全都做成佛首的形象。

（六）造像组合

佛教造像的组合方式多数情况下相对固定，有规律可循。这部分很重要，相当于佛像的语法。以下分三部分简单讲一下：首先是一铺组合，以某一尊佛为主尊的造像组合；其次是多佛组合；最后再讲一下以菩萨为主尊的组合。

1. 一铺组合

这是以一佛为主尊的造像组合，有五尊、七尊等，都是取奇数，除主尊外，左右对称，古代叫"一铺"，无论是绘画还是雕塑，经常用"铺"这个概念，就是组。

其中最重要的是一铺三尊，也称佛三尊像，是一佛二菩萨的造像组合，这种组合流行的时间最长，流行地域最广。佛三尊像产生于犍陀罗，中心在巴基斯坦的白沙瓦地区，此外还有北部的斯瓦特山区，再远包括阿富汗的迦毕试地区。日本学者宫治昭认为，犍陀罗产生的佛三尊像，后来成为佛教造像的基本模式，无论是何种组合的三尊像，包括释迦三尊、西方三圣（弥陀、观音、势至）、药师三尊（药师佛、日光遍照菩萨、月光遍照菩萨）等，都是由犍陀罗的三尊像衍生而来的，内容虽然不同，形式上都是犍陀罗三尊像的延续。这是一尊犍陀罗地区的佛三尊像（图2-38），时代约为2至3世纪，中间是释迦坐像，两侧各有一身胁侍菩萨，通常为观音菩萨和弥勒菩萨。

中国出现了很多三尊像，有些佛、菩萨的身份能够确定，有些不能确定，就叫三尊像，这种形式是佛像组合里最基本也最重要的。这件身份是可以确定的，是西方三圣，出于湖州飞英塔的五代吴越国造像（图2-39）。这件主尊并没有施上品上生印，只是一般的说法形态，很难判断是弥陀。通过造像组合，两侧菩萨宝冠上有化佛有宝瓶，分别是观音菩萨和大势至菩萨，所以是西方三圣。

佛三尊像组合在朝鲜半岛、日本以及东南亚地区都广为流行。奈良法隆寺金堂里三尊像，很知名，推古天皇时代造的，时代非常

图 2-38　佛三尊像，2—3世纪，犍陀罗，石，高62厘米，日本私人藏

图 2-39　西方三圣像，五代吴越，铜，湖州飞英塔出土，湖州市博物馆

图2-40 门杜寺佛三尊像，8—9世纪，石，印度尼西亚爪哇岛

早。东南亚的三尊像，可以举门杜寺，这是爪哇岛最重要的三尊像（图2-40），保存也很完好，中间是施说法印的倚坐佛像，两侧是观音菩萨和金刚手菩萨，时代相当于中国的唐代。

一铺五尊，通常为一佛、二弟子和二菩萨，但也有其他组合方式。一铺七尊，这是我在河北临漳拍的北齐白石造像（图2-41）。临漳是东魏和北齐都城邺城所在地，北周灭齐后把邺城毁了，今天没有这座城市了，它在今天河北最南部的临漳、磁县一带。这组造像，中间是坐佛，两侧分别是声闻（弟子）、缘觉和菩萨。有争议的是弟子和菩萨之间这身螺形发髻像的身份，有螺髻梵王（梵天）、缘觉两种说法。我倾向是缘觉，至少北朝晚期，和声闻、菩萨并列组合的螺髻人物是缘觉。这种组合，南朝也能见到，但北朝特别是河北最多见，一佛、二弟子、二缘觉、二菩萨，构成七尊组合。我认为，它背后应该是法华思想。《法华经》有个思想叫"会三归一"，"三"指声闻乘、独觉乘和菩萨乘，三乘

图 2-41　佛七尊像，北齐，白石，邺城遗址北吴庄出土，临漳佛造像博物馆

佛法最后会归于"一"，一就是一佛乘。《法华经·譬喻品》的"火宅喻"，讲三车（羊车、鹿车、牛车）和大白牛车的比喻，就是说这个道理的。

还有更多的组合，如成都万佛寺造像中的康胜造释迦立像，上面有一佛、四弟子、四菩萨，共九身像，下面还有两身天王像，构成了十一尊组合。

2. 多佛组合

刚才所举都是以一佛为中心的造像组合，下面讲多佛的组合方式。

（1）二佛

首先是二佛。最常见的释迦、多宝二佛并坐，文本依据是《法华经·见宝塔品》。这个题材多见于南北朝，唐以后不再流行，以云冈第二、三期为例，释迦多宝像有 385 组之多。有些造像铭文明确说是释迦多宝像，比如成都西安路出土的梁大同十一年（545）背屏式造像。

二佛也不一定都是释迦、多宝。日本京都两尊院的镰仓时代二佛，两尊佛像中一是释迦，一是弥陀，都是立像，这是不太多见的二佛组合。

（2）三世佛

三佛组合有多种可能性，最复杂，我挑重要的讲一下。

首先是三世佛，就是代表过去、现在、未来的三佛，是最常见的三佛组合。这里讲一个标准的，再找两个变体。

标准的是大同华严寺下寺里薄伽教藏殿的三世佛（图2-42）。"薄伽"是佛的意思，"教藏"是指佛藏。殿中三世佛，中间是释迦。我们说左右，一般都以主尊的角度来说的，就像昭穆制度，左昭右穆，以他为主位来说。左手是过去佛，为燃灯佛或称定光佛；右手是未来佛，是弥勒佛。两侧另有地藏、观音二菩萨。中国通常是以左为上，过去佛在左边，未来佛在右边。这是比较标准的三世佛，弥勒也以佛的形象出现。

敦煌莫高窟244窟，也塑造出了三世佛（图2-43）。其实你会发现不都是佛，而是两个佛和一个菩萨。敦煌莫高窟坐西朝东，我们进窟之后，右手是北，左手是南，正壁是西，前壁是东。北壁是菩萨像，代表未来，南壁是燃灯佛，代表过去，居中的是代表现在的释迦牟尼。它的组合方式和薄伽教藏殿不一样，左右相反。我个人认为，应该是根据中心塔柱窟的绕窟顺序来造的，尽管这座窟属于殿堂窟。

图2-42 三世佛，辽，泥塑，大同华严寺下寺薄伽教藏殿

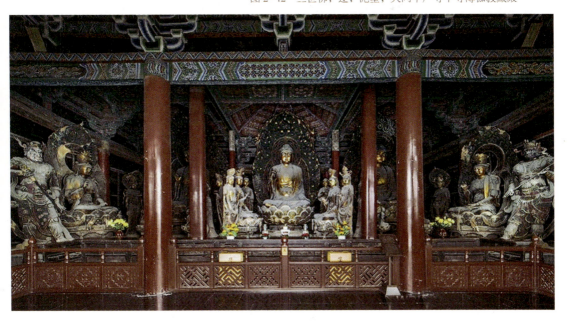

绕塔要右绕,就是顺时针,首先见到过去佛,然后是主尊现在佛,最后见到代表未来的弥勒菩萨。

敦煌158窟,是吐蕃统治敦煌时期开凿的。窟里的三世佛,都是佛像。南壁塑过去佛,立像。北壁的未来佛是倚坐弥勒佛,呈现出来的不是菩萨,而是未来佛的佛像。中间的涅槃像,用涅槃像表现现在的释迦。总之,即便都是三世佛组合,内部也是有一些区别的,这种组合方式非常重要。

(3)三方佛

三方佛,很多书里也叫三世佛,为了区别,就分为横、竖三世佛:竖三世佛是代表时间的过去、现在、未来三佛;横三世佛是代表空间的三佛,即东方药师佛、娑婆世界释迦牟尼、西方阿弥陀佛。我

图2-43 三世佛、隋、泥塑、敦煌莫高窟第244窟

认为叫三方佛不会混淆，比较好。总之，这是三佛的另外一种常见组合，表现不同空间。

（4）三身佛

刚才讲过了三身问题，法身如月光，不可见，报身如月亮本身，是圆满的，应化身如千江之月，是化现出来的。还有一个比喻，更通俗一点，是一位北大教授做的比喻，三身是一个本体，法身就是身份证，报身是学位证或毕业证，应化身是工作证。

长清灵岩寺很有名，灵岩寺千佛殿以四十身罗汉像闻名，殿内主尊是三身佛，但制作时代各不相同。按照佛教教义，任何一个佛都有法、报、化三身，法身是看不见的，法身以智慧为体，不属于色身，报身和化身才有形象，但造像的时候，三身佛都被塑造了出来。

（5）龙华三会

有关三佛还有一种情况，三佛都是一个佛。这个怎么说呢？就是弥勒的"龙华三会"，这在壁画里比较常见。弥勒的经典分《弥勒上生经》和《弥勒下生经》。其中，《弥勒下生经》讲弥勒未来成佛时，到这个世界要开龙华三会，三会说法，每会都能度很多的众生。这个题材多见于绘画，往往画出三佛，都是弥勒，各代表一会。造像偶尔也会表现，相对少一点。比如敦煌莫高窟第55窟（图2-44），这是一座背屏式窟，佛坛上塑出三佛，他们都是弥勒，而且坐姿都是倚坐。

（6）五方佛

这是密教比较常见的一种佛的组合，五方佛的文本依据，是唐代不空所译的《菩提心论》。五佛分别是东方阿閦佛、南方宝生佛、西方阿弥陀佛、北方不空成就佛和中方毗卢遮那佛。实例如大同善化寺，大雄宝殿塑五方佛，为金代造像（图2-45）。

（7）过去七佛

过去七佛，也是比较常见的组合。有时候单纯地表现过去七佛，有时再加上一个未来的弥勒，构成八身像，两种情况都有。

这是在犍陀罗地区的过去七佛与弥勒（图2-46），在白沙瓦博物馆，第一身佛像没有了，第二身像也残了，现存六身完整佛像，还有最后一个散发的弥勒菩萨，代表佛法的序列。

图 2-44　龙华三会，北宋，泥塑，敦煌莫高窟第 55 窟

图 2-45　五方佛，金，泥塑，大同善化寺大雄宝殿

图 2-46 过去七佛与弥勒菩萨（残），2—3 世纪，犍陀罗，石，白沙瓦博物馆

中国的北凉石塔上特别流行这个主题。北凉石塔是河西地区和新疆吐鲁番出土的十六国北凉时期制作的十四座小型石塔，酒泉、敦煌、吐鲁番都有发现。塔上造一圈龛像，一共八个龛，七身佛像、一身交脚菩萨，是过去七佛和未来弥勒的组合。只有过去七佛，不加弥勒的，以辽宁义县奉国寺七佛殿辽塑为代表（图 2-47）。这是特别宏伟的一座辽代建筑，里面是辽代塑像。

（8）七佛药师

七佛组合不一定都是过去七佛，还有七佛药师。《药师经》有不同的翻译版本，有的版本里广宣七佛，七佛里最后一个是药师，并不只讲药师一佛。在绘画和雕塑里，描绘药师主题时，有时会出现七个佛，它所依据的就是这种译本。比如敦煌初唐 220 窟，特别有名，其北壁的"东方药师经变"里就画出了七身佛像，并不是仅画一身药师佛。

在中国，承德外八庙就有药师七佛的雕塑组合。日本奈良新药师寺中的药师佛木像是平安时代的造像，药师表现为主尊，另外六佛在药师的光背上塑造出来，这是七佛药师的一种变体。

图 2-47 过去七佛,辽,泥塑,辽宁义县奉国寺七佛殿

(9)九体阿弥陀佛

能生到净土的众生,分成九个层次,从上品上生到下品下生,一共九品,这就是九品往生。有的时候会造出九尊佛像,分别对应不同的一类人。比如大足宝顶山的西方净土变相,就造了九铺雕塑,每铺都是一组造像,一个佛为主尊。还有一种由九尊佛像构成的"九体阿弥陀佛",譬如日本京都的净琉璃寺,这也是源于九品往生思想。

3. 菩萨为主尊的组合

最后介绍以菩萨为主尊的组合。我选了两个菩萨,一个是以观音为主尊的组合,另一个是以文殊为主尊的组合,都很常见。

(1)观音为主尊

以观音菩萨为主尊的造像组合,常见的有观音三尊。有时候是观音、龙女和善财童子的组合。龙女出自《法华经》,善财童子出自《华严经》,善财童子五十三参,其中参访的第二十七位善知识就是观音菩萨。此外,还有观音、善财童子和韦驮的三尊组合,比如北京居庸关云台的观音三尊像。

还有观音五尊。我找了一个著名的山西平遥双林寺千佛殿的例子

（图2-48），主尊是水月观音，游戏坐的观音形象，一边是善财童子，与他对称位置的是龙女，前方的武将是韦驮，另一边是夜叉，构成了五尊组合。

上述观音造像组合可称标配，因为主尊以外的身份都比观音低。此外还有高配，三位大菩萨构成的三大士组合。中间是骑犼的观音，两侧一个是骑狮的文殊，一个是骑象的普贤，通常文殊在左，普贤在右。

三大士组合的例子非常多见，可能是唐朝出现的，太原天龙山第9窟已经看到这种组合了（图2-49）。这种组合方式在明朝非常流行，例子很多，比如陕西蓝田水陆庵，观音居中，左边是文殊，右边是普贤，以狮和象为标志。这组三大士比较特殊，出自山西太原崇善寺（图2-50），中间是千手千眼观音，左侧是千臂千钵文殊，右侧是普贤。然而普贤菩萨没有类似的形象，所以工匠强调出光背的放射型，通过这种形式构成视觉平衡，这是一组形式比较特殊的三大士组合。

三大士组合的依据是什么，目前还是个谜。它是怎么来的？是民间

图2-48 观音五尊，明，泥塑，平遥双林寺千佛殿

图2-49 三大士，唐，石，天龙山石窟第9窟

图 2-50　三大士，明初，泥塑，太原崇善寺

的做法，还是有佛教思想在背后支撑？现在还没有看到圆满的解释。中国唐朝以后，特别是在明朝，三大士组合特别流行，雕塑和绘画都有。

（2）新样文殊

以文殊为主尊的组合，我只介绍一类，叫"新样文殊"。"新样"是和"旧样"相对的，南北朝应该是旧样，唐朝时出现了新的文殊形象，特点不在文殊本身的形象如何，而在于他旁边的人，造像的组合方式与以往不同。

新样文殊有两种常见的类型，一是文殊三尊，一是文殊五尊。这组是文殊三尊像，出自著名的佛光寺东大殿（图 2-51）。主尊是骑狮、手拿如意的文殊菩萨，旁边一是善财童子，一是驭狮的于阗王，构成了文殊三尊。于阗就是今天新疆和田，为什么会出现于阗王？目前说不清楚，没有一个特别权威的解释。在中国西部，敦煌石窟中也可见新样文殊。敦煌 220 窟的窟门南侧，一个龛内有新样文殊壁画，是归义军时期绘制的。学者通常认为，这种新样文殊的图像不太可能是在敦煌创造的，而应该是在内地，特别是五台山附近诞生的。总之，自唐朝时出现以后，新样文殊非常流行，甚至在日本也是如此。

新样文殊的另一种类型叫文殊五尊，在文殊三尊基础上，又加了两身像。这是日本文永十年的文殊五尊像，藏在东京国立博物馆（图 2-52）。

图 2-51 新样文殊(三尊),唐,泥塑,五台县佛光寺东大殿

图 2-52 新样文殊(五尊),文永十年(1273),木,东京国立博物馆

中间是骑狮的文殊菩萨，用了五髻文殊的造型，两边是善财童子和于阗王，与文殊三尊没有区别。后面两个人物，老者叫大圣老人，僧人形象的叫佛陀波利。佛陀波利是罽宾国高僧，罽宾是古代印度的一部分，今天的克什米尔地区，是印度、巴基斯坦之间领土有争议的地区。南北朝时，五台山成了佛教圣地，除了在东亚地区知名外，印度高僧也到五台山朝圣，佛陀波利就是其中之一。他到五台山想亲见文殊，结果没有见到文殊，却见到了一个老者。老人问他干什么来了，他说想见文殊菩萨。老人说你这样来益处不大，印度有部《佛顶尊胜陀罗尼经》，你把它带到中国来吧。老人说完就消失了，后人认为他是文殊菩萨的化现。佛陀波利是确有其人的，今天能看到多个《佛顶尊胜陀罗尼经》的版本，多数都是由他翻译的，唐高宗武后时代广为流行。还有经幢，是一种类似佛塔的佛教石刻形式，就是依据这部佛经制作的。文殊五尊是文殊菩萨、善财童子、于阗王、大圣老人和佛陀波利的组合。

佛教造像的组合非常重要，大家可以多找一些实例来看。佛教造像的组合就像语法一样，我们学习一种语言，就要学好它的语法。

二 材质与工艺

今天的讲座，我准备讲三部分内容，第一部分偏重佛教，因为在讲内容；第二部分偏重艺术，讲用什么材质做的，怎么做的，这是工匠最熟悉的东西；第三部分偏重历史，按时空框架来讲。有关材质与工艺，讲八种形式。同为雕塑，有不同的做法。"雕"和"塑"就不同，雕是减法，塑是加法，除此之外还有铸造、模制等差别。

（一）石雕

石头是佛教造像最常见的材质，印度和中国都很流行的，不管是单体造像还是石窟造像，都常见石雕。中国的石刻出现得偏晚，也是文化交流的产物,受到印度、波斯、草原文化甚至地中海世界的影响。中国人开始在石头上刻字,是战国后期才出现的,西边的秦国和北方的中山国最早出现。中国开始雕凿大型石雕,大约是西汉初期的事,应该也与中西文化交流有关。

最早的佛教艺术形式是阿育王柱(图2-53),这时佛像还没有流行,阿育王柱就是石雕。古印度有三座特别有名的早期大塔,桑奇(Sanchi)、巴尔胡特(Bharhut)、阿玛拉瓦蒂(Amaravati),三座大塔都是石质的。桑奇大塔在原址;巴尔胡特石雕主要藏在加尔各答印度博物馆;阿玛拉瓦蒂大塔在南印度,它的石雕分藏在多个博物馆,其中金奈政府博物馆、大英博物馆最多。印度最重要的四大城市是新德里、孟买、加尔各答和金奈(过去的马德拉斯),这些地方的博物馆里都大量收藏有石雕作品,到印度会发现真的是充满石雕的世界,不管是佛教、印度教还是耆那教,都流行做石雕。

图2-53 阿育王石柱狮子柱头,前3世纪后半叶,石,萨尔纳特考古博物馆

图 2-54 阿旃陀石窟第 19 窟外景

    印度有几个重要的石窟，都是从山石里雕凿出来的，非常不易。很多工匠配合，有一般的工匠和好的工匠。一般的工匠干粗活儿，开山凿石，从上往下凿，凿到适合的高度，这些人下去，好的石匠也就是艺匠（艺术家）接手，他们的任务是造像。一般的工匠开荒出来的场地要高低合适，好让艺匠能在与自己等高的位置上干活儿，太高或太低，人的腰都受不了。这应该有思维缜密的总负责人，两批工匠互相配合，很不易。如果到印度阿旃陀（Ajanta，图 2-54）、埃洛拉（Ellora）等大型石窟参观，真的是折服于当时人的脑力和技艺。这是犍陀罗的照片，100 多年前法国学者富歇（Alfred Foucher）在他的著作《犍陀罗的希腊式佛教艺术》里公布的犍陀罗石雕出土时的照片（图 2-55）。

    到了中国，无论是石窟雕塑还是单体雕塑，也都常见石雕。印度流行石雕，巴基斯坦流行石雕，中亚地区和中国新疆的石质不好，河西走廊的石质也不好，这一大片区域流行泥塑，除非做大型雕塑，做粗的石胎，在外面糊泥，等身像基本是泥塑。到了陕西，石质又好了，所以，陕西、山西、河南、河北、山东等地的石窟还流行石雕造像。

    河北地区流行白石，比较特殊。北京房山出白石，河北定州出

图 2-55　1899 年发掘犍陀罗雕塑的旧影

白石,这些白石有的做佛像,有的做世俗雕塑。中国人民大学东门内刻着"实事求是"的石头就来自河北曲阳。河北派雕塑就是以白石著称,古人有时叫玉像或汉白玉,实际是白石。

石雕还有一种形式叫造像碑,把造像和中国特有的碑结合起来,分碑首、碑身、底座三部分。这是藏于大都会艺术博物馆的李赞邑等邑义五百余人造像碑(图 2-56),非常精彩,东魏时期的,出自河南淇县。碑首已残,底下刻文殊菩萨和维摩诘,下面是供养人,再下面是题记,最下面是碑座。河南博物院有件镇馆之宝,叫"刘根造像",属于横式的造像碑,北魏后期的,刘根是供养人的名字。此外,还有大像。石质好的地方,直接可以用石头雕凿大像;石质不好的地方,以石做胎,外面糊泥,比如敦煌莫高窟的南、北大像都是这么做出来的。

(二)灰泥/熟石膏(stuccos)

灰泥在中亚和中国的新疆流行,流行区域不是特别广。它本是一种建筑材质,从古罗马传到中亚地区,再传到中国新疆,在阿富汗的哈达地区特别流行。

图 2-56　李赞邑等邑义五百余人造像碑，东魏武定元年（543），石，高 267 厘米，大都会艺术博物馆

灰泥造像是广义的犍陀罗地区晚期流行的一种造像形式，哈达的灰泥造像异常精美。日本东京国立博物馆藏有一件佛首，犍陀罗风格，但不是石雕，是灰泥的。这是我在圣彼得堡的艾尔米塔什博物馆拍的（图2-57），那里展出好几件哈达的灰泥造像。哈达地区的佛像顶部，有些头发的造型好像就是用一个工具点出来的，新疆于阗地区也流行这种形式，一定是从犍陀罗地区传过去的。阿富汗出土有菩萨说法主题浮雕，可能是释迦菩萨，藏在美国纽约大都会艺术博物馆。它的形式和石雕差不多，但材质不一样，是犍陀罗后期流行的灰泥像。

灰泥这种材质一直传到中国新疆。新疆最西边的喀什巴楚县脱乌拉塔格山寺院遗址出土的叙事性浮雕，就是灰泥的。西域南道上的于阗也流行灰泥造像，新疆没有太好的石材，做雕塑要么用灰泥，主要流行于新疆西部，要么是一般性的泥塑，要么是木雕，这是新疆雕塑的材质特点。现在看到的是一件完好的犍陀罗风格小佛像，出自于阗喀拉萨依（Karasai）佛寺遗址（图2-58），藏在大英博物馆。头顶的这些小点点

图 2-57　佛首，3—4世纪，灰泥，阿富汗哈达出土，艾尔米塔什博物馆

图 2-58　佛立像，5世纪，灰泥，高15厘米，于阗喀拉萨依佛寺遗址，大英博物馆

的做法,一定是从犍陀罗地区传过来的。但是新疆的灰泥像,要么体量小,要么是浮雕,和犍陀罗地区的灰泥像相比存在着一定差异。

(三)金属

金属比较复杂,分为金银、铜、铁等。

1. 金银

金银同贵金属,通常放在一起讲。金银制作的佛教造像很早就出现了,这是1至2世纪阿富汗出土的一个金舍利容器(图2-59),现藏于大英博物馆。该金器圆形器壁外有一圈圆拱形龛、下面是列柱,龛内有像。

中国的金银佛像数量不多。研究中国的佛教艺术,金银器多见于舍利容器,通常最外面是铁质或石质的宝函,里面是大一点的银椁,然后是较小的金棺,最后是玻璃或水晶的小瓶子,内盛舍利。用金银做盛放舍利的棺椁比较多见,金银造像不多见。最有名的金银造像实

图2-59 舍利容器,1—2世纪,金,高5.7厘米,阿富汗毕马兰(Bimaran)出土,大英博物馆

图 2-60 鎏金捧真身银菩萨，咸通十二年（871），通高 38.5 厘米，扶风法门寺塔地宫出土

例，是扶风法门寺塔地宫出土的鎏金捧真身银菩萨（图 2-60），咸通十二年（871）造，"真身"就是指舍利。菩萨戴着高高的宝冠，身上披挂璎珞，跪在莲座上，双手捧托盘，盘底上有铭文："奉为睿文英武明德至仁大圣广孝皇帝敬造捧真身菩萨，永为供养，伏愿圣寿万春，圣枝万叶，八荒来服，四海无波"等字样。这是金银造像里非常精致的一件。总的来说，金银舍利容器多见，造像少见。

2. 铜

有青铜、黄铜、红铜等。

犍陀罗地区就有青铜造像。以大都会艺术博物馆为例，该馆藏的犍陀罗金属佛像大概有六件。这是最早的一件（图 2-61），大约 1 至 2 世纪的青铜坐佛。因为时代早，地中海因素非常明显，造像也不成熟，甚至结跏趺坐的两腿左右都是反的。尽管造型不成熟，但大都会艺术博物馆藏的这件金属造像是犍陀罗佛像中极为重要的一个实例。

在中国，多数铜的造像表面都要镀金。我们常说"金铜造像"，到底是金还是铜？主体是铜，表面做镀金或鎏金处理。佛像外面上金，一般用两种方式，一种是冷金，一种是热金。冷金不用加热，如贴金箔。另外一种是镀金或鎏金，这是一种工艺，需要借助水银，然后加热，水

图 2-61 佛坐像，1—2 世纪，犍陀罗，青铜，高 11.4 厘米，大都会艺术博物馆

银挥发掉后，只留下金。这种工艺，古代叫镀金或鎏金，可能镀金的叫法更早一点，有人认为叫镀金更合适，但今天鎏金的叫法更多见。这是我在两个展览上拍到的同一件造像，浙江金华万佛塔地宫出土的南朝菩萨像（图 2-62）。拍完以后一比较，发现第二次展览造像表面做过了除尘处理，居然有这么大的差别。古代金铜像表面，往往都有鎏金处理。

3. 铁

个别时代，由于铸钱量大等原因，导致缺铜，就用铁代替铜来造像。宋朝就有这样的现象。和铜像相比，铁像的造像精度明显要差一些。

（四）泥塑

现在看到的图片不是文物，是敦煌展出的展示泥塑制作过程与模型（图 2-63），让我们看看古人怎么做泥塑。做泥塑的步骤：首先

图 2-62　菩萨立像（修复前后对比），南朝，金铜，高 39 厘米，金华万佛塔地宫出土

图 2-63　泥塑制作步骤示意，敦煌研究院陈列中心

图 2-64 佛立像，7—8 世纪，泥塑，高 121 厘米，焉耆七格星石窟，柏林亚洲艺术博物馆

用木头做骨架,叫"立骨";外面用芦苇或芨芨草裹起来,让它更轻,也更好挂泥,之后上泥,里面用粗泥,外面用细泥,统称"贴肉";然后再做衣纹,以及其他表面处理,叫"穿衣";泥塑做好后,最后一步是上色和贴金,甚至沥粉堆金,叫"装銮"。

印度的泥塑佛像不多见,古代情况如何我不是很清楚。拉达克地区,今天属于印控克什米尔地区,离中国西藏的阿里地区非常近,那里的阿基寺有彩塑四臂观音。

中国的泥塑非常多,石窟和寺院雕塑都用泥塑。之前我讲过,中国的新疆和河西石窟流行泥塑,这是焉耆七格星石窟的佛立像(图2-64)。焉耆在龟兹和高昌之间,德国柏林亚洲艺术博物馆有两身比较完整的七格星泥塑佛像,一尊是立像,一尊是坐像,这是其中的立像。

敦煌石窟同样因为当地石质不好,所以做泥塑。从敦煌彩色泥塑残破的地方,还能看得到木质的骨架。敦煌彩色泥塑的造型表现力很强,举个例子,佛像的袈裟垂下来的部分叫悬裳,通过这个细节可以看出工匠的技艺。比如初唐328窟(图2-65),大概是高宗武周时期开凿的,窟中主尊坐佛与初唐中原石雕样式酷似,而且艺术质量丝毫不逊色。其袈裟垂下来,底下是莲座,不仅袈裟本身的造型酷似丝绸,而且透过悬裳的形态,可以让人感觉到,袈裟真的好像被一片片莲瓣托举起来一样,做出这种质感来,非常了得。

薄肉塑的特点是半塑半绘,其中泥塑部分类似浮雕。天水麦积山石窟、北周洞窟顶上就有薄肉塑。

还有悬塑,通常均为泥塑。最初可能是唐朝出现的,明朝的悬塑最多见,满壁金光夺目。比较典型的实例,有山西隰县的小西天、陕西蓝田的水陆庵(图2-66)等,山西最多见,蓝田水陆庵也是由山西工匠做的,这是泥塑后期流行的一种形式。

(五)木雕

按《增一阿含经》的说法,第一尊佛像就是木雕像。《增一阿含经》说,佛升三十三天为母说法时,两个信佛的国王,一个是优填

图 2-65　马周造像（左）与莫高窟第 328 窟主尊（右）对比图，初唐

王，一个是波斯匿王，他们思念如来，就请工匠造出佛的形象。首先优填王用牛头旃檀，是一种上好的木料，造了旃檀像，这是历史上第一尊佛像。后来波斯匿王用紫磨金造像。这两尊佛像，一个是木质的，一个是金属的。文献里这样记载，但是考古发现，目前能见到最早的佛像要晚好几个世纪。

之前讲过，木质佛像在新疆多见。样式上大体沿袭了犍陀罗佛像造型。新疆很多地方都流行木雕像，包括于阗、龟兹和高昌，这是高昌故城出土的 8 世纪佛坐像（图 2-67），藏在柏林亚洲艺术博物馆。木雕容易开裂，这是木雕常见的问题。

木雕还有一种特殊形式，是佛龛像。通常体量不大，便于携带，可以合上，也可以打开。这样的木雕龛像在唐宋之际比较流行，后来传到了日本，日本人也做佛龛像。这是日本金刚峰寺藏的一尊佛龛像（图 2-68），它应该是唐朝人制作的，木龛不大，打开后可形成一佛二菩萨的三尊组合。

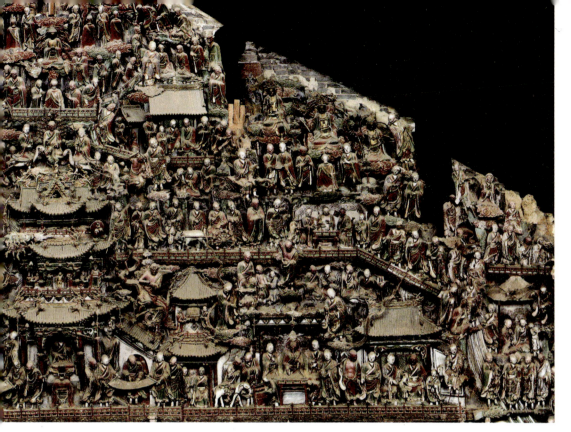

图 2-66 蓝田水陆庵悬塑（局部），明

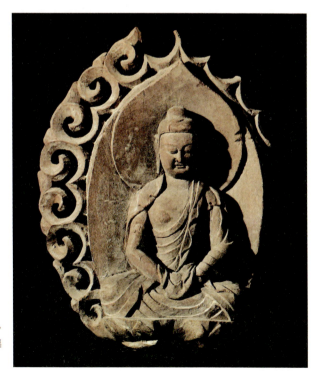

图 2-67 佛坐像，8 世纪，木，高 15 厘米，高昌故城出土，柏林亚洲艺术博物馆

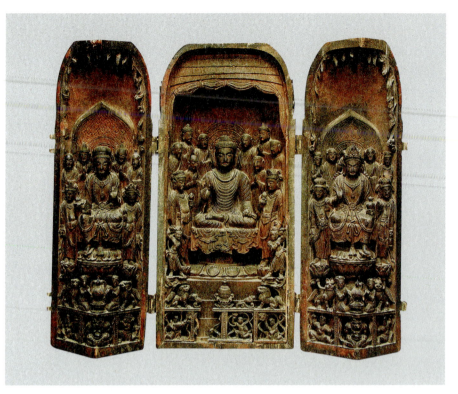

图 2-68　佛龛像，唐，木，高 23.1 厘米，日本金刚峰寺

（六）夹纻

夹纻是比较特殊的一类，又称脱胎、脱沙，是用干漆、纻（麻布）制成的中空像，今天也有叫干漆像的。制作夹纻像，首先要做泥胎，然后用漆把麻布贴在胎上，麻布有很多层，每层都要反复涂漆，最终待漆干后，脱空泥胎成像。夹纻这种工艺，可以说是彻头彻尾的中国制造，是汉代人发明的，后来流传到了日本。

据说东晋时就有夹纻像了，文献记载东晋的戴逵就造过这种像，但今天能见到最早的夹纻像是唐代的。唐代现存几件夹纻像，都非常精致，多数流失海外。其中有三尊出自河北正定隆兴寺转轮藏阁的夹纻像，流失到美国，分藏在弗利尔美术馆（图 2-69）、大都会艺术博物馆和沃尔特斯艺术博物馆。

中国现存的夹纻像，最集中的是在河南洛阳白马寺（图 2-70）。白马寺有十八罗汉夹纻像,保存完好,最初是元大都大能仁寺造像,在北京供奉,上个世纪才运到河南。我想用这组像说明一个问题,夹纻像有个特别大的好处——轻,便于运输。白马寺的夹纻罗汉像,体量并不小,每尊却只有3至5公斤。由于夹纻像特别轻,便于佛教的"行像"礼仪。

我读过北宋徐兢写的《宣和奉使高丽图经》。徐兢是位北宋官员,北宋后期曾随团到高丽(朝鲜半岛)访问,他是官方使团中的一员,住了一段时间,回国后写了一个书面报告,献给皇帝,有文字,也有图像,所以叫"图经",宣和是年号。据他记载,在高丽首都开京(今开城)的寺院里,见到了模仿北宋开封府大相国寺的佛教壁画,还有北宋朝廷送给高丽的《开宝藏》,同时还见到了北宋朝廷赠送他们的夹纻像。由于夹纻像很轻,往往又非常精致,所以成了"国礼"。

图2-69 佛坐像,隋或初唐,夹纻,高99.5厘米,弗利尔美术馆

图2-70 罗汉像,元末明初,夹纻,高160厘米,河南洛阳白马寺

(七)陶瓷

印度不多见,我在犍陀罗地区找到一个实例。这个地方属于阿富汗的哈达,是一处寺院,属于犍陀罗晚期。这里的造像有陶质的,有些书误写成泥塑,这些雕塑实在太精彩了,虽然时代偏晚,仍然是一派希腊罗马风格。如果按佛教定义,这身是金刚或力士(图2-71),属于护法,但他的形象完全是模仿古希腊的大力神赫拉克勒斯(Hercules),几乎没有什么变化。很不幸,1979年这处寺院毁于战火,只留下一些照片。

中国的陶瓷造像占有一定比例,虽然比例不高,也还算常见。中国最早的佛像,有一类材料是堆塑罐。这种堆塑罐流行于三国和西晋

图2-71 佛陀与执金刚神,约6世纪,陶,哈达Tapa-é-shotor遗址(已毁)

图 2-72 易县八佛洼三彩罗汉像，辽，高 104.8 厘米，大都会艺术博物馆

时期，也叫魂瓶，罐上有佛像，近似犍陀罗样式，也是陶瓷的，这是中国最早的佛像之一。

还有一类是三彩。最重要的一批三彩造像，是出自河北易县八佛洼的三彩罗汉像（图 2-72）。这批罗汉像风格写实，精彩至极，现分藏在美、英、法、加拿大和日本的博物馆中。有人认为这批三彩像是唐代的，主流意见认为是辽代的，也有人认为是金代的。写实程度高、釉色漂亮，这是三彩像的优势，而易碎是它的缺点。据说 20 世纪初，八佛洼造像在运出山的过程中，有几件像被打碎了。

此外，还有琉璃。琉璃分两类，一类是单独的造像，一类是琉璃制成的建筑装饰，比如寺院殿堂屋顶上的琉璃脊饰。第二类装饰性琉璃较多，第一类造像少一些。这是著名的山西洪洞广胜上寺飞虹塔（图 2-73），十三层檐楼阁式塔。这座塔的始建年代很早，而现存塔身特别是外面的琉璃装饰年代比较晚，是明代中期的，可见佛像、菩萨像、天王像等。山西保留下来的古代建筑琉璃非常多，其中属于佛教建筑的占大半。

再提一下福建的德化窑。德化窑烧制的德化瓷始于宋，兴于明，远销海外。除器物外，尤以白瓷造像著称，釉色光润。有个著名工匠叫何朝宗，当然有他名款的造像未必都是真的。何朝宗制作的白瓷像，

图2-73　飞虹塔琉璃造像，明，洪洞县广胜上寺

除佛像外，常见的有观音和达摩。这里我再强调一点，不同材质、媒介间是有相互转化、影响的。这是一件明代青铜立佛像（图2-74），故宫博物院藏，它的形式和表面磨光处理，非常明显是在模仿德化窑的瓷质佛像。这属于媒介间转化的问题，这种现象在古代造像中非常普遍，比如石雕和泥塑、石质造像和金铜造像，都有彼此间的模仿，这个现象大家应予以关注。

（八）模印

前面七类都在讲材质，最后一类属于工艺。模印是用模子扣出来的造像，模子通常用三种材质制造：一是金属，二是灰泥（熟石膏），三是陶。

新疆于阗多见模制佛像，有些佛像的范保留至今，精美至极。有些范是陶质的，有些是石膏的（图2-75）。这是敦煌北周428窟，是北周最大的洞窟，也是敦煌北朝最大的洞窟，窟内有很多供养人像和千佛的形象，千佛很多脱落了，部分还在墙壁上，这些千佛就是用模

图 2-74 "文南"款佛立像,明,青铜,高 50 厘米,故宫博物院

图 2-75 佛坐像范,5—6 世纪,石膏,高 41 厘米,和田地区博物馆

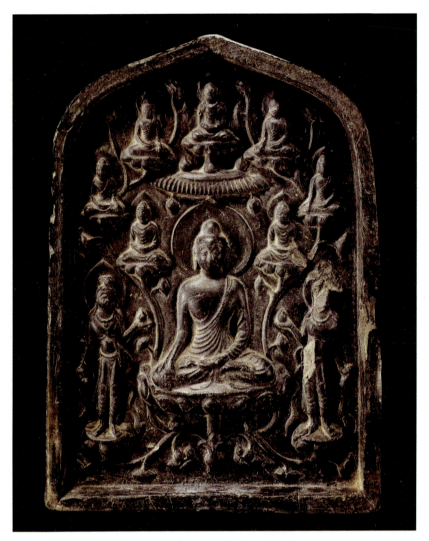

图 2-76　善业泥，唐，灰陶模制，高 16.7 厘米，故宫博物院

子扣印，再施以彩绘，粘在壁面上，日久难免脱落。敦煌市博物馆还有两个模印的佛像，在展厅里展出。

　　这类技艺，印度也有，到了唐朝更多见，我们把它叫"善业泥"（图 2-76），往往一面是造像，另一面是发愿文。在西安、北京的博物馆都有这类文物展出，有些还出现了施印者的姓名。这种形式，藏人叫"擦擦"，是从印度传来的，也是专指模印技艺，和内地善业泥的功能相同，只不过藏人模印佛塔更为多见。

　　以上简单讲了佛像的材质和制作工艺。

三 时代与风格

这部分内容比较多，主要按时空框架来讲。我重点说一下前三个专题。这部分主要讲隋朝以前的造像风格发展，彼此间的时间承接性很强，有很清晰的线性发展关系。第四个专题是唐朝以后的现象，今天只能简单介绍下。

（一）梵像西来

1. 秣菟罗与犍陀罗

"梵像"中的"梵"，不是指今天的印度，而是古印度，古代印度的范围更大。首先说一下贵霜时代（1—4世纪）的印度佛像风格。贵霜朝，印度有两种典型佛像风格，一是今天印度的秣菟罗风格，流行于中印度；二是犍陀罗风格，流行于西北印度，即今天的巴基斯坦。中国的早期佛教艺术，主要接受的是犍陀罗风格。

古印度是文化和地理概念，不是国家概念，大概是以喜马拉雅山和兴都库什山为界，这两座山脉以南的区域统称印度，包括今天的巴基斯坦。印度河就在巴基斯坦，不在今天的印度，恒河在现在的印度。古印度还包括中亚的一部分，此外还包括狮子国（斯里兰卡）、尼泊尔和孟加拉国。我想讲两个地方，一是秣菟罗，靠近恒河，今天也叫马土腊，是一个词的不同音译；二是犍陀罗，在西北的印度河流域。

印度流行佛教造像之前，流行药叉女的形象。印度本土很热，这里的雕塑从来不忌讳表现人体，但中国人是忌讳的。中印度是最早流行佛像的地区之一。这里的早期造像充满活力，佛像已经有了肉髻、白毫等特征，顶髻呈海螺型，二目圆睁，并不低垂。身上也充满了力量，衣服非常薄，薄衣透体，衣服下面的躯体转折非常好地被表现了出来，这是非常典型的中印度早期佛像风格，所谓秣菟罗风格（图2-77）。

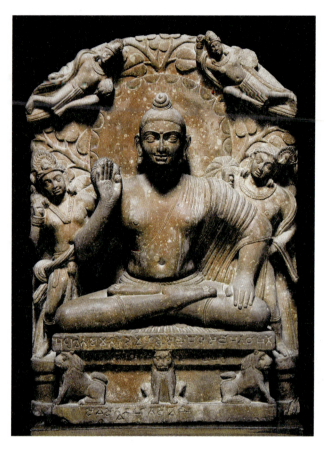

图2-77 佛坐像，1—2世纪，石，高72厘米，秣菟罗政府博物馆

与它相对的是犍陀罗风格，这是一种希腊式佛像，不是印度式的。广义的犍陀罗包括巴基斯坦和阿富汗，以白沙瓦为中心，还包括斯瓦特山谷区（Swat Valley）、迦毕试（Kapisa）等地。有人说犍陀罗佛像主要受希腊影响，有人说受罗马影响，总之是来自地中海世界。最明显的一个特征是佛像鼻子与额头平齐，和希腊雕塑类似（图2-78）。立像也有浓郁的古典风，身体呈现出自然、有机的转折，不是垂直站立的，衣纹处理也非常写实，顺着躯体的转折，暗示出衣服下真实的躯体形态。传到中国后，这种衣纹处理被图案化了，中国人追求对称，这是后话。犍陀罗地区偏冷，多山地，不像中印度人的衣服那么薄，这里人穿衣服比较厚，所以袈裟的表现感觉很厚实，与秣菟罗的薄衣处理不同。

早期两种主要的外来佛像风格：一种秣菟罗，印度式的佛像；一种犍陀罗，希腊式的佛像（图2-79）。中国早期主要接受的是犍陀罗风格。

图 2-78 佛坐像，2 世纪，石，加尔各答印度博物馆

图 2-79 秣菟罗（左）与犍陀罗（右）佛像面相比较

图 2-80 燃肩佛坐像，3—4世纪，金铜，高 32.9 厘米，哈佛大学艺术博物馆

图 2-81 佛坐像，后赵建武四年，金铜，高 39.7 厘米，旧金山亚洲艺术博物馆

2. 两件早期金铜像

这是中国一件重要的早期金铜佛像（图2-80），在美国哈佛大学艺术博物馆展出，是中国最早的佛像之一，可能是西晋的。这尊像出自河北，但不一定是内地造的，可能是从新疆一带传来的。头顶肉髻上有个孔洞，估计是装舍利一类的东西，袈裟表现比较写实，而到了汉地之后还会逐渐本土化。佛像肩头有火焰形装饰，这种"焰肩佛"造型，主要流行于迦毕试地区，即阿富汗喀布尔一带，属于广义的犍陀罗。

这是另一件早期金铜佛像（图2-81），有十六国后赵建武四年（338）纪年题记，藏在旧金山亚洲艺术博物馆。它应该是中国内地制造的。后赵都城在河北南部，迁过都，但都在邢台、邯郸这一带。总体来说，这尊像在面容、服饰、样式上，是在继承犍陀罗样式的基础上进行本土化的。这是中国所有的纪年造像中最早的一件，4世纪上半叶，刚才那件时代更早，但没有纪年题记。

在此不妨比较一下，两尊像的衣纹处理和面容特征（图2-82）。后赵建武四年造像的衣纹明显是对称的、装饰性的，这是中国人的审

图2-82　建武四年佛坐像（左）与燃肩佛坐像（右）面相比较

美习惯，和另尊像以及犍陀罗造像非常不同。犍陀罗造像表现为自然、有机的衣纹，更加写实，强调暗示衣服下面的躯体形态，而不是表现衣纹本身的装饰性。比较两尊佛像的面容会发现，一件是希腊式或犍陀罗式的，另一件（后赵建武四年造像）则是本土化的，整个开面特征有明显区别。这两件是特别重要的早期造型。

3. 本土化的犍陀罗风

一直到北魏汉化改制之前，中国都流行这种以犍陀罗为主体，并有一定本土化的佛像。汉代墓俑不强调表现人的躯体形态，因为中国人不太喜欢表现人的躯体，佛像带给中国艺术一个巨大的变化，就是注意衣服下面真实的躯体表现。

敦煌早期也流行犍陀罗式造像，敦煌最早的三个洞窟——第268窟、272窟和275窟，被称为"北凉三窟"。特别是北凉275窟的主尊交脚弥勒，明显体现出犍陀罗造像风格，交脚弥勒本身就是西来的，同时这身像非常重视躯体表现，这绝非汉人的固有艺术传统。中国石窟中，最早的纪年窟是永靖炳灵寺的第169窟，时代是420年的（图2-83）。这个窟的彩塑同样强调表现袈裟下面的躯体形态，开面也明显接受了西域影响。所谓西域，这里主要是指犍陀罗，彩塑风格从犍陀罗传到中国新疆，然后再向东传到河西走廊。炳灵寺在兰州附近。

我们还可以用北凉石塔来说明犍陀罗艺术和中国本土文化的结合。北凉石塔出土自酒泉、敦煌、吐鲁番等地。以酒泉出土的承玄元年（428）高善穆石塔为例，这座塔藏在甘肃省博物馆。塔顶宝盖上刻有北斗七星，底下八边形塔基上刻出四男四女以及八卦符号，北斗七星和八卦都是本土元素。塔腹刻《增一阿含经》，是汉文佛经，字的隶意十足。中间的塔肩部分有八个龛，龛内表现了七佛和交脚弥勒，是犍陀罗流行的主题和样式。这是法国吉美亚洲艺术博物馆所藏的阿富汗迦毕试地区出土的石雕，表现了天宫中正在说法的弥勒菩萨。高善穆石塔上的交脚弥勒，完全继承了迦毕试的造像样式（图2-84）。

这个阶段的代表性皇家石窟是云冈石窟的昙曜五窟。云冈石窟分为三期，其中第一期是昙曜主持开凿的"昙曜五窟"，现在编号为16至20窟。时代为5世纪中期以后，460年左右。编号15窟之前的是云冈

图 2-83　炳灵寺第 169 窟第 6 龛佛三尊像，西秦建弘元年（420）

图 2-84　阿富汗石雕（左）与高善穆石塔（右）交脚弥勒比较

图 2-85　云冈第 20 窟露天大佛，北魏，高 13.5 米

第二期，这时推行了汉化改制，一直到北魏迁都。编号 21 窟之后的是云冈第三期，这些洞窟开凿于北魏迁都之后，洞窟规模不及前两期。

昙曜五窟，有五尊大佛像，其中知名的是这尊露天大佛（图 2-85）。因为这里的石质不好，洞窟坍塌了，反而成了云冈的标志。其实原来露天大佛与另几个窟一样，前面有窟门，上面有明窗。这五座洞窟原本是按照昭穆制度修建的，各自为一位皇帝祈福。最初的设计想以第 19 窟为中心，按昭穆制度，左右交替扩建。但是造到露天大佛时，由于石质不好，出现坍塌，不能再往前拓展了，于是最后一座窟没有按照昭穆制度开在右侧（方位以主尊为准），而是改开到左侧，形成了今天的昙曜五窟格局。

昙曜五窟里的佛像，一个非常明显的特征就是重视躯体表现，佛像体形硕壮，工匠着力刻画出袈裟下面的真实躯体形态。有人说昙曜五窟的艺术因素主要来自秣菟罗，也有人认为来自犍陀罗。我认为，无论面容的具体特征是什么，还是偏袒式、通肩式袈裟的区别，这些并不是最重要的。外来佛像给中国的影响，不仅是在具体样式上，更为重要的是促使中国匠师们着力表达服饰下面真实的躯体,这是中国古代特别是汉代雕塑缺失的部分。

中国早期造像对犍陀罗的接受,有继承也有改造,并不是全盘接受,比较典型的一个例子是释迦苦修像。释迦曾经六年苦修,在犍陀罗艺术中表现得很夸张,瘦骨嶙峋,形容枯槁。汉人对这样的形象不太接受,于是改造为我们能接受、能理解的形象。这是炳灵寺石窟中的释迦苦修像(图2-86),造型明显和犍陀罗地区的不同,接受了题材,却改造了表现方式,这是一特别典型的实例。

(二)秀骨清像

北魏汉化改制,直接推动了造像的样式之变。这个变化,一般会用两个词加以概括,一是秀骨清像,二是褒衣博带。这一期始于北魏改制,大约延续到北魏灭亡。这个阶段,南朝造像还很少见,但东

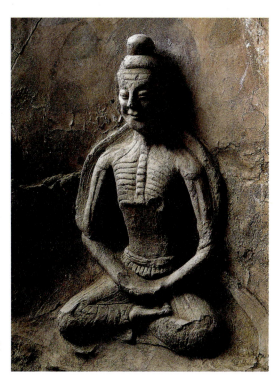

图2-86 炳灵寺第169窟第20龛苦修像,西秦或北魏

图 2-87　云冈第 15 窟南壁立佛（线描图），北魏

晋南朝应该是这一期造像风格的先驱。北朝造像受到南方和中原汉人审美观影响，模仿南朝的样式，通过清瘦的形体和如士大夫一样的服饰，塑造佛像洒脱飘逸的内在气质。

1. 从云冈到龙门

云冈第二期，是编号 15 窟以下的洞窟，大约 5 世纪 70 至 80 年代开凿的，直到 5 世纪末迁都结束。这时开始流行一种新的造像样式。首先变化的是服饰，流行一种所谓"双领下垂"式袈裟（图 2-87）。服饰之变属于制度变化，变化得非常快，和北魏汉化改革直接相关，是改制的直接反映。

北魏迁都洛阳之后，佛教极为昌盛。用杨衒之在《洛阳伽蓝记》里的话说："招提栉比，宝塔骈罗，争写天上之姿，竞摹山中之影。金刹与灵台比高，讲殿共阿房等壮。"很好地描述出北魏晚期嵩洛地区塔刹大盛的情状。当时开凿的皇家石窟，以龙门石窟为代表。

龙门石窟最初开凿的宾阳洞，给北魏开凿者一个教训。据《魏书·释老志》记载，他们按照云冈的经验开窟，所谓"准代京灵岩寺石窟"。准是模仿的意思，代京是平城，就是大同，灵岩寺石窟就是云冈石窟。云冈的石质和龙门的石质不一样，龙门的石质更坚硬细腻，容易造得细致，但硬度更高，不容易雕刻。云冈那里是砂岩，好雕凿，不容易刻画细节。所以，开凿宾阳洞花了很长时间，"斩山太高，费工难就，奏求下移就平"。不能够按照过去的尺度开窟造像，洛阳的石质难开大窟,只能改变方案,把规模缩小。龙门大约三分之一的窟像开凿于北魏后期,三分之二开凿于唐代初期。这样就可以理解,唐代奉先寺龛像是多么艰巨的一个工程,那真是盛世工程。因为石质不同,云冈和龙门造像不能等量齐观。

以宾阳中洞为例,主尊佛像面部清瘦,身着汉式袈裟,而且面含笑意(图2-88)。面带微笑的佛像在北魏后期,一直到东魏都比较常见,北齐以后就不流行了。北齐流行内敛式的佛像,二目低垂,看起来平和、内敛,不再面带微笑,这是非常明显的时代差异。这是宾阳中洞的前壁线描图(图2-89),清瘦的人物形象、褒衣博带、表现山水背景以及重视线条塑形,都是这一阶段的风格特色。最上一层是维摩诘和文殊;第二层是萨埵太子(舍身饲虎)和须大拏太子本生;再下来是帝、后礼佛,这两铺浮雕都流失到了美国;最下栏是十神王,有树神王、鸟神王、象神王等。

石窟汉化的另一个表现,是造像与长篇石刻题记的结合。书法里有著名的"龙门二十品",再精选是"龙门四品":《始平公造像记》《杨大眼造像记》《孙秋生造像记》和《魏灵藏造像记》,都是魏碑名

图2-88 龙门宾阳中洞主尊佛坐像(局部),北魏

图 2-89　龙门宾阳中洞前壁浮雕（线描图），北魏

品。《龙门二十品》中的十九品出自古阳洞，它们都是造像题记，与造像形成上下或左右的组合，形成中原石窟的一大形式特色。

　　从现存的龙门石刻以及洛阳地区出土佛教雕塑和葬具看，北魏后期，洛阳一定有一大批技艺精湛的石匠，造石棺、石室、佛像和石刻文字。可惜龙门北魏石雕很多都被破坏了，特别是造像头部遭到严重损坏，更多的是靠拓片追忆曾经的辉煌。这是石雕拓片（图2-90），可见石刻龛饰刻意模仿了丝帛的帷帐，精彩至极，这也是北魏晚期汉化佛教美术新发展出来的一个特色。

　　强调服饰表现，是第二阶段造像的显著特征。第一阶段造像强调躯体表现，第二阶段强调服饰表现。其中一个亮点是悬裳，工匠努力把他的精湛技艺在悬裳上充分体现出来。这是天水麦积山北魏147窟造像（图2-91），非常重视悬裳表现，给人一种装饰性的美感。有一位日本女学者，专门考察造像悬裳座的历史变化，考察其从犍陀罗到

图 2-90 龙门古阳洞魏灵藏龛背光（拓本），北魏

图 2-91 麦积山 147 窟主尊佛坐像，北魏，泥塑，高 117 厘米

图 2-92 昙任、道密造释迦多宝像，熙平三年（518），金铜，高 26 厘米，吉美亚洲艺术博物馆

中国，再到日本的流变过程。

2. 三件河北金铜像

秀骨清像、褒衣博带式的造像，可以从金铜造像里找到几个非常典型的例子。以下三件金铜像都出自河北，魏晋南北朝时，河北是中国金铜造像的中心，无论是数量还是艺术品质，都可说冠于全国。

第一个实例是熙平三年（518）比丘昙任、道密兄弟造的释迦多宝像（图2-92），藏在巴黎吉美亚洲艺术博物馆。这尊金铜像个头不大，但却很精彩，是特别典型的秀骨清像、褒衣博带式的作品。发愿文有"蒲吾灵辟寺"字样，蒲吾是今天的河北平山县。河北地区的早期造像有两大亮点：一是金铜造像，至少从十六国开始流行；二是白石造像，流行于北朝晚期，特别是北齐。

第二个实例是北魏正光五年（524）的牛猷造金铜弥勒立像（图2-93），出自河北中部，藏在大都会艺术博物馆。这尊像的体量较大，它的一大特点是富于装饰，金属造像中大量运用镂空处理，特别是带火焰纹的光背和外圈飞天，都用了镂空手法。这本是金属造像的特色，但后来河北流行白石造像，也刻意模仿金铜像的镂空手法，虽然造型精致，但不幸的是，由于材料特性不同，大量运用镂空后的石像细节很容易破损。这尊金铜像的秀骨清像和褒衣博带特点都很突出，而且面含微笑。

另外一类，以东魏天平三年（536）乐龙等造弥勒立像为代表（图2-94），这尊像同样出自河北，现藏在美国宾夕法尼亚大学考古与人类学博物馆。该像还是清瘦的形体，着汉式袈裟，装饰手法却变了，光背不再运用镂空，而是强调线刻式的装饰，非常繁缛、细腻，这种手法和石刻非常类似，可能是在模仿石刻。石雕刻意做出大量镂空，模仿金属造像，后者同样可以模仿石像的手法。两者有互相模仿、借鉴的关系，这叫作材质媒介的转化，即一种形式学习另外一种形式，这是一种非常普遍的艺术现象。

3. 洛阳永宁寺泥塑

我特别喜欢的一批雕塑，出自洛阳永宁寺。永宁寺在洛阳，是皇家大寺，寺中有座高大的九层木塔，可能是中国历史上最高的塔，

图 2-94 乐龙等造弥勒佛立像，东魏天平三年，金铜，高 61.7 厘米，宾夕法尼亚大学考古与人类学博物馆

图 2-93 牛猷造弥勒佛立像，正光五年，金铜，高 76.9 厘米，大都会艺术博物馆

一百多米。现存最高的木塔在山西应县，将近70米高，只有它的一半。永宁寺塔宏伟异常，据《洛阳伽蓝记》记载，在城外很远的地方就能看见大塔、听到塔铃声。但木塔怕火，遭雷击失火后，这么高的塔没办法救，很多人含泪看着大塔焚毁。

塔内原来一定有很多造像，20世纪80年代发掘永宁寺塔基遗址，出土了大量泥塑造像残件，一部分是佛像、菩萨像的局部（图2-95），更多的是体量较小的供养人像。尽管泥塑都是残件，却精彩异常，尊像面容圆润匀称，供养人像身姿优

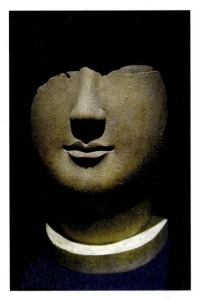

图2-95　佛首（残），北魏后期，泥塑，高24.5厘米，永宁寺塔遗址出土，洛阳博物馆

美、各具性格，一定由最好的工匠所做，代表着北魏最后的辉煌，同时这种圆润秀美的风格，预示着又一次造像风格变革的开始。永宁寺塔焚毁后，不出一年，北魏国灭。

（三）笈多新风

北魏晚期造像风格出现新变，经过东魏的发展，北齐造像表现得最为突出。当时，东、西部之间有文化差异，北周造像从数量到质量，都与北齐造像有明显差距。南朝造像整体没有北朝多，而且以四川最集中，所以这一部分以讲北齐造像为主。

1. 秣菟罗与鹿野苑

中国最初的佛像接受外来影响，主要继承犍陀罗样式。第二阶段以风格本土化为特色，与第一阶段区别非常明显。第三阶段，在此基础上又变了，再次接受外来影响。这时，印度已从贵霜朝进入笈多朝。笈多是印度的一个王朝，笈多造像和贵霜朝不同，又一轮的印度

元素东传到中国，促使中国的佛像发生了一次变革，中国佛教艺术大量吸收笈多艺术元素，所以叫"笈多新变"。

笈多王朝时，印度有两种主要造像流派，一是秣菟罗，过去就是一个造像中心，到这阶段造像制作得更为精致；二是鹿野苑，是释迦初说法的地方。

秣菟罗（马土腊）风格，以"薄衣透体"著称，这点是贵霜和笈多时期秣菟罗造像共通的特征。现在看到的这件像非常典型（图2-96），还是薄衣透体，头顶螺发，雕刻手法细致。有一个重要特点，佛像二目低垂，不像贵霜时期的圆睁二目。后来中国佛像低垂二目，气质娴静平和，主要是接受了笈多艺术影响。这时的造像，不再刻意追求

图2-96　佛立像，笈多时期（5世纪中期），石，高183厘米，新德里总统府

图2-97 佛坐像（部分），笈多时期（5世纪末），石，高160厘米，秣菟罗政府博物馆

外在的表现性和力量感，而是以内敛娴静的气质取胜，非常迷人。

另外一个流派叫鹿野苑，这本是个地名，也叫萨尔纳特。鹿野苑造像与秣菟罗佛像的最大差异体现在躯体表现上（图2-97）。鹿野苑佛像的身体上不再雕刻细腻的衣纹，而是做通体磨光处理，只在袈裟的边缘处略加表现衣纹，让人感到造像身着袈裟。而鹿野苑流派的面容表现，和秣菟罗佛像区别不大。南北朝后期直到唐朝甚至唐朝以后，低垂二目的佛像，直接来源就是印度笈多朝造像。

2. 邺下石窟

研究石窟，首先要关注皇家石窟，在这个基础上再看地方性石窟。北魏的皇家石窟是云冈和龙门，到了北朝晚期，东魏北齐的都城是邺城，最重要的石窟是邺城附近的响堂山石窟。

特别是北响堂山石窟大佛洞，洞窟体量巨大，气魄非常（图2-98）。大佛洞平面呈方形，中间有巨大的中心塔柱，柱上开凿造像，四壁共开十六龛，内设造像，题材应该是十六王子，出自《法华经》。现在这些龛内的佛像是后配的，龛外壁面的覆钵式佛塔以及火焰纹、

图 2-98　北响堂石窟第 9 窟南侧壁塔形龛，北齐

莲花、摩尼宝珠等装饰纹样都是北齐的，雕刻技艺精湛。

邺下的北响堂、南响堂和水浴寺石窟，造像风格大体一致，共同体现出北朝晚期的风格新变。以北响堂刻经洞、南响堂千佛洞（第7窟）造像为例，前面讲过，第一阶段佛像强调表现躯体，第二阶段强化服饰，第三阶段再次重视躯体刻画，佛像的身躯圆润而饱满，体量感十足，服饰表现则大大弱化了，这是显著的北齐特色（图 2-99）。有造像出现了通体磨光处理，一定是从笈多传来的，未必是陆上丝绸之路，可能是通过海上丝绸之路传来。这时的印度和东南亚与中国南朝关系密切，交流频繁，很可能是南亚和东南亚艺术，影响到中国的南朝梁，再间接地影响到北朝。总之，这一时期南梁和印度关系密切，6世纪下半叶大量笈多艺术元素在北齐出现，一定是中印文化交流在起作用。

3. 青州、定州与邺城

关于南北朝后期造像，有几次重要的单体造像考古发现，最知名的有四次，根据发现的时间先后依次是：成都万佛寺造像，二百余件，1882 年发现；曲阳修德寺造像，两千二百余件，1953 年发现；

图 2-99　南响堂石窟千佛洞，北齐

青州龙兴寺造像，四百余件，1996 年发现；临漳北吴庄造像，近三千件，2012 年发现。这四批考古发现，都以南北朝晚期造像为主。这里简单看一下青州造像和曲阳（属定州）、临漳（邺城）的河北造像。

这是一件山东青州的坐佛石像（图 2-100），之前粗略讲过印度笈多造像，大家可以了解，这尊佛像的造型特征，诸如螺发、低垂双目，气质内敛，注重躯体表达等，这些无不来自笈多艺术。请注意，佛像身着右袒式袈裟，不再是汉式袈裟了。6 世纪上半叶还在流行汉式袈裟，仅仅几十年，风气整个转变过来，时代差异非常明显。青州造像的精彩之处，还在于保留了色彩以及贴金。这就是 6 世纪下半叶的典型造像样式，一种内敛、平和、圆润的造型，一直影响到唐朝的佛教艺术。

河北造像以白石为特征。河北有两大造像中心：一是曲阳，古代属定州，是白石的产地；二是邺城，东魏北齐的都城。这两个地区都流行白石造像。此外，河北派白石造像还有很多特色，比如这里流行半跏思惟菩萨像（图 2-101），还流行做双身像，即两身佛像，或是两身菩萨像。

图 2-100 佛坐像,北齐,石,高 64 厘米,青州龙兴寺出土

图 2-101 邹氏家族造双思惟像,北齐武平七年(576),白石,高 22 厘米,曲阳修德寺出土

图 2-102 建忠寺比丘尼造双弥勒像,北齐河清元年,白石,高 77 厘米,藁城县东贾同村出土

图 2-103　弥勒七尊像，北齐，白石，高 55 厘米，临漳北吴庄出土

这是建忠寺比丘尼造双弥勒像（图 2-102），石家庄藁城出土的，北齐河清元年（562）造像。非常明显它在模仿金属造像，因为河北地区也流行金铜像，所以工匠模仿金铜像的造型，大量用镂空手法，视觉效果好，造型层次丰富，缺点是容易破损。

这是临漳北吴庄出土的一组弥勒七尊白石像（图 2-103），在河北博物院展出。这件造型也用镂空处理，同样很多地方坏掉了。弥勒七尊，中间是交脚坐的弥勒菩萨，两侧依次是声闻、缘觉和菩萨，体现出"会三归一"的大乘思想。

（四）汉藏合璧

这是元、明、清三代佛教造像的一个重要方面，这里只说一下元代。

1. 历史概观

汉、藏两种佛教艺术的交流和融合，是后期佛教艺术的一个重要面向。藏传佛教艺术的东传，并非始于元代。早在吐蕃时期（7—10

世纪),吐蕃(藏人)就与唐王朝来往密切,文化交流形式不拘一格,因此出现了汉藏艺术融合的现象。藏传佛教艺术第一次东传是在西夏,在11世纪以后,但影响的规模和范围还相对有限。

蒙元时期,分裂的藏族地区统一于蒙古王朝,藏区正式接受中原政府管辖,元代统治者也信奉藏传佛教,礼遇藏族高僧,由此出现了大规模的藏传佛教艺术东传现象。从藏人的角度讲,藏人早期主要向印度学习,接受从印度传来的佛教文化,前弘期、后弘期都是这样,从印度聘请高僧到西藏传法。到了13世纪,社会和文化情境发生巨变,印度、中亚和中国新疆,特别是于阗,以前和西藏关系密切的这些佛教地区,不是改信伊斯兰教,就是完全变为印度教地区。所以这个时候,藏人主观上也更愿意与流行佛教的内地进行交流。从蒙元开始,汉藏间的文化交流比以前大大密切了。

这种风气一直延续到明清两朝,特别是明永乐年间和清康乾时期,内地和藏区交流频繁,内地造了大量藏式或汉藏混合样式的佛像,汉藏艺术呈交流融合之势。比如承德的外八庙,充分体现出了汉藏合璧的特色。

2. 杭州飞来峰

在元代的杭州,当时有个统领南方佛教事务的人,叫杨琏真迦,他是党项族的萨迦派僧人,元代国师八思巴弟子,主持开凿了杭州飞来峰。在杭州,能体现汉藏混合特色的佛教胜迹绝不止飞来峰一处,还有吴山宝成寺,以及已不存的大般若寺、万岁尊胜塔寺、报国寺白塔等,其中造像最知名的是飞来峰。

飞来峰在灵隐寺附近,是一处摩崖造像群,其开凿始自五代吴越,一直延续到明朝,开凿最集中的是在元代杨琏真迦的时期,既有大肚弥勒这样的汉式造像,又出现了藏式造像及密宗题材,二者在题材内容、开面、躯体比例形态、服饰等方面都有区别,藏式造像以"肩宽腰细"为特色。这是无量寿佛、文殊菩萨与度母像,还有金刚手像、顶髻尊胜佛母九尊坛城以及萨迦派祖师密理瓦巴像等(图2-104),都是元代造的。江南大规模的藏式风格造像,就出现在这个时期,最早的就是杭州飞来峰造像。

图2-104　飞来峰顶髻尊胜佛母九尊坛城，元

3. 居庸关云台"像中像"

在北方，汉藏混合风格的建筑和造像最集中之处是元大都，举两个典型实例：大圣寿万安寺、居庸关云台。

大圣寿万安寺就是今天的白塔寺，也称妙应寺。白塔的建造者是元代请来的尼泊尔工匠阿尼哥，他不仅主持建造塔寺，还做佛像，同时还收了一些中国学生，传授技艺。

雕塑以居庸关云台为代表。"云台"是个形象的说法，原来应该是一座过街塔的塔基。这种过街塔在云南有，在江苏也有。江苏镇江的西津渡过街塔，上面有塔，下面可以走人，也是元代建的。居庸关过街塔的上面原有三座塔，塔没有了，补建了佛殿，后来佛殿也没有了，就剩塔基，俗称云台。这个塔基里有大量浮雕，是特别典型的汉藏合璧实例，而且我们想看随时都可以看到。

云台分为几部分，外面有装饰带，里面有水平方向的顶部、两个斜边和两个垂直的壁面。顶部刻曼荼罗，就是坛城。下面有两个斜边，各有五尊佛像，两边组成十方佛，都是典型的藏式风格（图2-105），空白处刻贤劫千佛。再下来是两个垂直壁面，刻出四大天王像，体

图2-105 佛坐像，元，石，居庸关云台顶部斜面

图2-106 东方持国天王像，元，石，居庸关云台东壁北侧

量巨大,天王像体现出汉式造型风格,脚踩地鬼,给人沉稳有力之感(图2-106)。天王像某些地方是高浮雕,如面部,有些地方用线刻,比如龙纹装饰,形成了一种既手法多变,又协调统一的视觉效果,精彩至极。云台里的造像体现出杂糅的文化因素,有藏式的,如曼荼罗、十方佛和六挐具,四大天王则是汉式造型,这些不同风格来源的造像组合在一个空间里,展现出汉藏合璧的特色。

我在准备课件时,发现个很有意思的地方,四大天王胸前圆形掩心甲位置,又雕刻出小的造像组合。北方多闻天王胸前是新样文殊五尊像:文殊菩萨、善财童子、于阗王、大圣老人和佛陀波利(图2-107)。我把它叫作"雕塑中的雕塑"或"像中像",不知道这个名字是否合适。绘画里有"画中画",重屏就是画中画;古典园林有一种"园中园",大园林里相对独立的小园子,如拙政园的"海棠春坞",网师园的"殿春簃";研究佛教美术,有一种"塔中塔",比如杭州雷峰塔天宫和地宫里都发现了银质的阿育王塔。我最近注意到的就是居庸关云台的"像中像"。

图2-107 文殊五尊,元,石,居庸关云台西壁北侧北方多闻天王胸前

汉藏合璧的云台雕塑以及"新样文殊"的造像组合里，都体现出丰富复杂的文化交流信息。佛教艺术作为宗教文化形式是重视传播的，不是各地单独产生的，时间超过两千年，地域无远弗届，上自王公贵族，下至贩夫走卒，充满文化交流与传播。然而在我们具体分析时，又不能大而失当，要努力找出具体而恰当的解释，这其中还有很多迷人的课题值得我们去探究。

第三讲

从藏礼于器到比德于玉
——中国玉文化传统的起源和早期发展

中国人民大学通识教育大讲堂

中国物质文化常识系列 —— 第三讲

从藏礼于器到比德于玉——中国玉文化传统的起源和早期发展

主讲人 秦岭 副教授
北京大学考古文博学院

秦岭，2003年获得北京大学历史学博士，2003年起留校任教，现为北京大学考古文博学院副教授。主要专业领域包括新石器考古、植物考古、田野考古方法与技术和史前玉石器研究。在英国和日本多次进行长期学术访问，熟识国际学术发展前沿，已在国内外重要学术期刊丛书中发表论文五十余篇。对中国史前玉器尤其是良渚文化玉器有长期深入的研究。主编并主笔的《权力与信仰》一书获选2015年全国文化遗产十佳图书。

时间
10/09
14：00-16：30

地点
人民大学明德书店
国学馆西北侧

主持人
姜萌 副教授
中国人民大学历史学院

讲座内容：
玉器在中国地区的发展自新石器时代开始源远流长，是东方文化的精髓，也是理解中华文明产生的重要基础。《越地书》中早就有"以玉为兵"的记载；考古学界也一度热议过中国的"玉器时代"；要理解中国早期文明乃至中国文化的源流和特质，玉器是不可回避也最为重要的研究对象之一。
从"通灵宝玉"到"藏礼于器"，玉器在史前时代已然经历了由信仰到礼俗的功能性转变；而从"六瑞""六器"之礼到"君子比德于玉"，玉器在青铜时代完成了由物质性往象征性的转变。
玉器特殊的材质、工艺、形纹及其不可逆的特性，提供给今人各种深入探索理解的空间。而考古学的路径与方法，是早期社会物质文化研究中最重要的一把钥匙。

主办单位： 中国人民大学 教务处　中国人民大学 历史学院

引语

我的研究领域是新石器时代，比较关注的是在没有文献记载的史前时期，玉器是如何被人和社会用来表达身份认同及观念思想的。今天演讲的大部分内容仍然是我自己比较熟悉但相对不那么构成"通识"的新石器时代的用玉事例。为了给大家一个通识框架下长时段的感受，最后我们讨论一点点关于青铜时代以后的用玉发展及其背后的文化意义，可能只算是蜻蜓点水，囿于我的个人学识也难免会挂一漏万。

一　什么是玉？

不管讲什么，我们首先要明确研究的对象是什么，它有什么特点。比如今天的议题是玉文化，这就是特别中国的一个话题。为什么这样说呢？因为首先我们要讨论"什么是玉"这个问题。古代人所用的"玉"，跟我们今天一般理解的概念是不完全相同的。一方面，早期中国所说的广义的玉，乃"石之美者"，漂亮的石头皆为玉——这个比我们现代的定义范畴要大得多；另一方面，狭义的玉一般指"软玉"（nephrite）和"硬玉（翡翠）"（jadeite），全世界除了东亚地区外，在新西兰毛利人和中美洲玛雅人的文化中也被普遍使用。

在西方语境里，"玉"这个词是很晚近才出现的。现代英语中的jade来源于jadeite，本身并没有拉丁语语源，最早出现于西班牙语和法语中。实际上，矿物学上所说的jadeite并非我们所说的中国的古玉，而是对应"翡翠"这种"硬玉"。正如大家都了解的，翡翠产自东南亚，虽然当代汉语和英语互译时，把玉都翻译成jade，但因为西方早期文明从来没有认识和利用过这种资源，因此他们的语言中并没有针对"软玉"的词汇。

东亚包括东北亚先民认识玉也有一个渐进的过程，最早被利用制作装饰品的矿物材质多样。目前考古发现最早的软玉饰品出现在距今九千年的黑龙江小南山二期文化中，在距今七八千年的内蒙古东部的兴隆沟文化中继续发展流行。

而长江下游地区大约七千年前出现的河姆渡、马家浜文化中，则更流行以石英质为主要原料的玉器饰品，就是通常所说的玛瑙玉髓。从功能的角度分类，我们通常也把这些早期装饰品称为"玉器"。距今五六千年前后，中国不同地区才陆续进入识（软）玉用（软）玉的阶段，并且逐步把玉器变成社会权力和信仰观念的主要载体。因此，很多学者建议将新石器末期这个阶段称为中国的"玉器时代"。再往后，当我们有了"君子比德于玉"这样的记载，才在玉这个材质上赋予了"德行"概念。

为什么在中国传统文化中玉如此重要？我们看成书于东汉时期的《越绝书》就可以理解。《越绝书》卷十一"越绝外传记宝剑第十三"中记载了楚王问"兵器专家"风胡子时的一段回答：

> 轩辕、神农、赫胥之时，**以石为兵**，断树木为宫室，死而龙臧。夫神，圣主使然。至黄帝之时，**以玉为兵**，以伐树木为宫室，凿地。夫玉，亦神物也，又遇圣主使然，死而龙臧。禹穴之时，**以铜为兵**，以凿伊阙，通龙门，决江导河，东注于东海。天下通平，治为宫室，岂非圣主之力哉。当此之时，**作铁兵**，威服三军。天下闻之，莫敢不服。此亦铁兵之神，大王有圣德。

我们都知道，今天考古学所用的"三段论"时代分期——石器时代、铜器时代、铁器时代，是由丹麦学者在19世纪提出来的。有意思的是，《越绝书》早在两千年前，就已经给出了类似的分期，不过这里多了一个"玉兵时代"，成了石器—玉器—铜器—铁器这样一个"四段论"。尽管考古学证据显示，在中国史前时期并没有这样一个用玉做工具的阶段，但把《越绝书》作为地方志理解的话，的确同五千年前越地（长江下游）物质文明的高峰"良渚文化"是相对应的，那就是一个以玉为礼的早期文明。甚至在良渚文化之后，这种"以玉为尊"的观念更广泛流转存在于四千年前的早期中国，在青铜礼制出现之前，黄河长江流域不同的区域文明均存在以玉为主要身份标志物或信仰观念载体的阶段，称其为"玉器时代"并不为过。

中国研究玉的学术传统也是较长的。考古学科虽然源自西方当代学术体系中的"考古学"，但其早期发展深受"金石学"的影响。中国传统的金石学是从北宋开始的，得名自赵明诚的《金石录》，以研究青铜器和石刻碑碣为主，包括简帛甲骨、玉器砖瓦等内容。金为铜，石为玉，用当代学术话语表述，可以理解为是研究铜器和玉器的"古器物学"。古玉研究方面，一般讲百年传统，从清光绪年间吴大澂的《古玉图考》算起。这部书非常有意思，我经常跟学生讲，那个时候已经有考古绘图和记录的观念。在书中，会把一件器物的正反面都画出来，会描述这件器物的材质和颜色，还会记录绘制器物与实物的比例关系——这些绘图记录内容跟今天的考古器物绘图记录原则是非常接近的。当然，在金石学传统中，研究古器物的目标仍旧是名物考据、证经补史。这跟我们今天考古学研究玉器的目标、方法都大相径庭。

再晚近一些，古玉研究的新方法或者说新思路，是由郭宝钧先生提出来的。郭先生是河南南阳人，从20世纪20年代开始，跟随李济先生参与并主持了殷墟的多次发掘，他自己也主持像城子崖、浚县辛村、辉县琉璃阁等重要遗址的考古发掘工作。对郭先生的评价大多集中于他对中国考古学早期发展的重要贡献和在青铜器研究的大量成果方面。其实，他在1948年给中研院史语所写过一篇文章叫《古玉新诠》，可以说也是现代中国古玉研究的开山之作。新中国成立后，郭先生没有跟随史语所迁往台湾，20世纪70年代，他的《古玉新诠》重新影印出版。因为有了现代考古发掘的一些概念以及新出土的材料，郭宝钧基于殷墟早年发现的玉器资料，提出对玉器的分期：一曰石器时代之玉，实用期；二曰殷末周初之玉，玩好期；三曰春秋战国之玉，配列期；四曰西东两汉之玉，仿制期。汉代以后，玉文化就一点点衰落了。

除了第一次对古代玉器做了考古学分期研究，郭宝钧的另一个重要贡献，是提出了研究玉器的三个层次："抽绎玉之属性，赋以哲学思想而道德化；排列玉之形制，赋以阴阳思想而宗教化；比较玉之尺度，赋以爵位等级而政治化。"这三个层次自上而下，指出用玉器讨论思想、宗教和社会的研究目标。20世纪40年代，郭先生能够提出从思想史、社会史角度来研究出土文物，在当时无疑是非常超前的。我们现在考古学研究玉器的方法，虽然不像郭先生这么"理想化"，但不外乎从玉质、器类、尺寸等方面进行分析，也不外乎讨论社会关系、早期信仰等内容，仍然脱离不了郭先生提出的这几个层次。

二　如何研究？

玉器和其他文物相比，有什么不同之处？研究玉器是不是跟研究其他文物有不一样的角度和方法？在这一节，我们通过几个例子，帮助大家感性地认识玉器和玉器研究的一些特殊性。

我常常鼓励学生说，研究玉器特别难但也特别好玩。为什么会这样说呢？因为从考古学角度，我们研究所有的人工遗物和自然遗物都是非常强调它的出土背景（context）的——何时（when）、何地（where）、何人（who）、如何（how）被使用，这是考古学研究古代遗存进而通过遗物了解古代社会的一个最基本的立足点。而玉器就不大一样，它常常能超越这样的背景属性，提出不同于陶器、铜器、动植物遗存等研究对象的新问题和新挑战。

我们举的第一个例子是两件"玉鸟"（图3-1）。左边这件现藏于中国国家博物馆，是湖北天门石家河遗址罗家柏岭出土的，距今大约4000年。右边这件，无论制玉工艺、纹饰风格还是凤鸟这个母题的造型，各方面都跟罗家柏岭出土的玉鸟非常相似，可以说就是左边那件玉鸟的展翅版。不过，右边这件的出土要晚了将近一千年，它是出自商代殷墟妇好墓的一件陪葬品。考古学研究中，我们将商代墓葬出土的这件新石器时代玉器称为"早期遗留物"，妇好墓中有不少早期遗留物，还有更早的距今5000年左右来自东北西辽河流域的红山文化的玉器。这说明在殷商时代的古人，有机会获得几千年前的古玉，他们也能认识并认可这些古物的价值，所以才会用来陪葬。这是一个很好的例子，玉器本身会超越我们考古学研究所给定的时空界限，它是可以"穿越"的。

第二个例子，同样以一组玉器为例（图3-2）。玉器不像大多数文

图3-1-a 玉鸟，湖北石家河遗址罗家柏岭地点出土

图3-1-b 玉鸟，河南殷墟妇好墓出土

物，它并不是一劳永逸的，还会不停地被改造和创新。左边这件是新石器时代器物，出自山西临汾陶寺遗址编号M22的高等级大型墓葬，这件玉器出现在陶寺文化的大墓中，本身已经是很有意思的现象，因为这是一件玉冠，同前文提到的玉鸟一样，也是长江中游新石器时代末期的玉产品，在新石器时代末期（我们一般叫龙山时代），中国区域间的互动是很频繁的，所以这件湖北的玉器出现在了同时期山西的大墓里。再说右边这件玉器，大家会发现，它们在外形（我们叫器形）上是非常相似的，只是左边这件没有花纹（我们叫素面），右边这件很清楚是双鸟的图案。右边这件玉器，来自湖北九连墩春秋时期的一座楚王墓葬。这实际上是一件改制品。也就是说春秋时期的工匠在获得一件"早期遗留

图3-2-a 玉冠，山西陶寺遗址出土

图3-2-b 玉鸟形佩，湖北九连墩遗址出土

155

物"后,又在上面加刻了春秋时代流行的纹饰。所以在这件玉器上,我们需要把"形"和"纹"分开讨论才能讲明白:这本身是一件来自新石器时代的玉器,一千多年后,又通过加刻的母题和纹饰承载了属于春秋时代楚人的思想观念。从这个例子,我们看到了玉器本身有继承创新和再发展的空间,这个就跟陶器和铜器很不一样,虽然中国古代素有好古仿古之风,宋代以后出现大量仿古铜器,但这跟我们说的这个例子完全不同。玉质的特性,玉器的形态特征,都在后期的改制中得以延续下来;而新的纹饰和母题又改变了这件玉器,使它成为一个新的"物"。所以玉器的属性是可以超越时空进行叠加的,这是玉器作为文物的第二个特点。

第三个例子更为极端,玉器的传承可以超越玉的材质,也就是说不是玉器仍然带有当年古人对玉器所寄有的观念和认识。我们举的这两组例子都跟新石器时代的一种重要玉器有关系,这种玉器就是"琮"(图3-3)。第一组中左边这件(图3-3-1a),是刚才提到的山西临汾陶寺遗址出土的一件玉琮,虽然玉琮不是山西南部起源的,但是陶寺遗址作为当时晋南地区的一个区域文明中心,能够获得许多远距离的奢侈品(身份标志物),所以陶寺出土这件玉琮并不奇怪。第一组中右边这件(图3-3-1b),从外形上看肯定是"琮",但这是一件铜器,同样来自山西,出土于一千多年后西周中晚期的北赵晋侯墓地。这件铜"琮"形器,是一个有实用功能的"座",里面是空的,当时

图3-3-1a 玉琮,山西陶寺遗址出土　　图3-3-1b "琮"形座,山西曲村晋侯墓地出土

图 3-3-2a　玉琮，新石器良渚文化　　图 3-3-2b　"琮"式瓶，南宋龙泉官窑

可能插了柱子，作为棚席的支座来使用。另一组例子也很有意思，左边这件是最典型的来自良渚文化的高节玉琮（图 3-3-2a），这样的琮是长江下游距今 4500 年左右最为流行并且大量制作的重要玉礼器，它的流传分布也非常广，从广东到西北，可以看到新石器末期很多地方对这类玉琮的转用、仿制和改造。而历史上对这类琮最成功的改造就是所谓的"琮式瓶"，右边这件是南宋时期非常典型的龙泉官窑生产的一件"琮式瓶"（图 3-3-2b），现藏于浙江省博物馆。在这两组例子中，我们发现有些玉器甚至可以超越玉本身。在几千年流转的过程中，"琮"作为一种观念，被后世不断地使用和表现，而玉琮本身作为玉器的属性则已经消失了。

通过这样三个例子，我们再提出玉器作为研究对象的一些特殊性，大家可能就比较容易理解。简单说，玉器的特点体现在"质""形""纹"三个方面：

第一个特点是它的质料非常特殊。也就是说，材质本身有它的价值和象征性。这个跟其他大部分文物不太一样，陶瓷器、青铜器都是创造的艺术，而玉石类的器物却是在做减法。这种减法是不可逆的，不像铜器和其他金属器，坏了可以重熔再铸；它也不像陶瓷器，一件漂亮的彩陶盆、瓷瓶破碎就没用了；玉器仍然可以通过继续做减法重新成为一个有功能有象征性的"物"。所以，玉器在质料上的特征体现在这样几点：

其一，它可以做得非常小，满足长距离的社会精英网络的交换，可以很容易被带来带去。因此玉器在早期没有文字系统的新石器时代是观念传播的重要载体。

其二，它是不可逆不可变的，在产地研究上具有特别的优势，不管后世有多少改制挪用，但是玉质本身具有示踪性，从矿物学地质学角度可以找到它唯一的原料来源。

其三，它能够延续的时间非常长，因此，玉器是考古学中经常能被发现，并且保存状况较完整完好的一类古代文物。也因此，玉器是古人喜欢反复利用的一类文物。这个是它质料上的特点，是我们研究古器物时，玉器不同于其他器物的一个方面。

玉器的第二个特点是它的"形"。玉，石之美者，古代先民最初发现和利用它的时候，跟石器制作的技术是完全一样的。随着对玉这种材质的特殊性的认识的加深和肯定，慢慢地，在新石器晚期阶段发展出一系列玉器手工业生产的专门化技术，这也被很多学者称作"玉石分野"。而这些特别的工艺传统，省料是一方面，更重要的是保证将玉器制作成特定的形制，这个"形"背后承载的信息量非常大，为我们通过玉器来理解古代社会提供了很多线索：

其一，"形"能反映不同时期、不同地域玉器生产的工艺、技术和工序。哪怕它们都被做成琮，但做琮的方法不一样，研究者因此能判断并分析出玉器背后的时空背景。

其二，"形"本身是有功能的，通过对特定形制及各类形制相互关系的分析，我们可以理解玉器使用背后的人类行为，是日常佩戴的、葬仪专用的，或者是祭祀活动中的特定礼器，等等。通过"形"我们进一步理解了器物背后的功能和象征性。

其三，对"形"的复制、模仿和创新，反映了物质文化在古代社会中的传承与发展。比如刚才所说的各种材质的"琮"：只有通过对早期玉器的研究分析，理解"玉琮"这个形的特征，对后世不同材质

"琮"形的转化利用才能进行更深入的讨论,才能理解物质文化在古代社会中对观念、传统及背后秩序的传递所发挥的作用。

最后,玉器上的纹饰,我认为是玉器最重要的特质。一般考古学上对于纹饰的研究,首先是具有断代的意义,不同时代、不同区域文化会使用不同的纹饰,研究彩陶、青铜器等也都有这些所谓类型学的方法,玉器纹饰并不那么特殊。但中国玉器的早期发展,是要放在新石器晚期各区域文明大发展,最终青铜时代逐步形成早期王朝国家的这样一个历史进程中来理解其意义的。这个时期是社会变革发展的大时代,手工业经济发展,人口流动,文化交融,但还没有形成目前可辨识的文字书写系统,因此特定纹饰玉器在高等级社会网络中的流通,实际上担负着"纹以载道"的意义和功能。这个"纹",放更远一点讲,在早期青铜器研究中也具有同样的意义和作用。但跟以范铸、模铸、失蜡等方式制作的青铜纹饰有所不同,玉器的纹饰都是手工刻上去的,这就使得玉器纹饰兼具共性与个性上的特点。

从共性上看,纹饰承载了重要的时代特征,反映出特定的源流和地域性,也是研究没有文字记载阶段宗教信仰、思想观念的重要依据。但同时它保存了最完整的"个性",因为纹饰需要一刀一笔刻在玉石上,尤其是在没有金属工具、没有文字的新石器时代,这种刻画的"个性"背后是更小尺度的工匠传统,甚至是工匠的"个人性"。从这个角度讲,玉器跟书画一样,可以用研究书画的方式找到玉器纹饰中的风格和变化,进而研究更为细致的手工业生产机制及社会关系网络。

一个有意思的点是,同样的纹饰在不同的时代会被不停地使用,但是因为我们用了不同的制作工艺和工序,我们知道是不同时代的,所以纹饰本身可以帮助我们理解古代人是如何复制、模仿,甚至误读"历史"的。而这种"纹似神不似"的变化发展,可以超越"物"的研究,成为理解古代社会精神世界的一把钥匙。

正是基于玉器的上述特点,我们会发展出相应的考古学研究方法。这里我用三个维度帮助大家理解考古学研究玉器的基本方法:

第一个是垂直的维度,也就是说我们要置身于一个社会的内部去研究这种玉器。比如从出土背景讲,可能就是从玉器所出土墓葬的视角来研究它，谁可以用，怎样用，等等。这样的视角下，我们比较清楚地了解到，在这个社会内部，玉器是如何体现社会身份、等级、性别、分工等方面的差异；同时也可以分析特定的"形""纹"是如何被创造、使用、流通，在社会内如何表达和体现特有的观念。这个维度，也是我们考古学研究中经常用来研究各类器物的维度。

第二个维度是横向的维度，也就是跨区域的视角。由于玉器的各种特质，它比其他材质的人工制品保存得更久。因此，玉器可以作为一个很好的线索，帮助我们理解早期区域文明间的各种交流互动，尤其是高等级社会关系网络的形成。接下来，我们将用第一个维度来理解距今五千年前后良渚社会中的玉器，然后用这个横向的维度来讨论距今四千年前后整个中国尤其是中原和北方地区的社会互动。

第三个可以称为是延伸的维度。这个维度上，我们能看到玉器和铜器在纹饰上的延续性，看到从玉器纹饰往各类材质上转化的观念和象征性等，希望以后有机会可以对这个内容有系统的介绍。

上述的不同维度，也可以理解为是不同视角，它们在玉器研究中是各有侧重、互为补充的。在接下来对新石器到青铜时代用玉传统的大概梳理中，希望大家可以从这些角度出发去听去理解。

三 "琮"和良渚文化

今天我们主要来说说琮、璧、钺这三类玉器。没有讲玉器的起源，是因为最早阶段的玉器大多是装饰品，它的起源跟玉器后来承载的社会功能、文化意义关系并没有那么密切。如果我们要将玉文化作为中国特有的物质文化来理解，那么不妨从周礼中记载的六器，也就是古人视为礼器的这些器物开始讲。从新石器晚期开始，大家讨论比较多，又经常跟文献联系起来的器物，就以"琮""璧""钺"最具代表性了。

琮，这类玉器是在长江下游起源的，也就是大家所熟知的良渚文化分布的区域。对玉器有所了解的人可能会奇怪，我为什么不说琮、璧、钺都是良渚文化起源的呢？希望下面我讲的内容可以帮你解答。

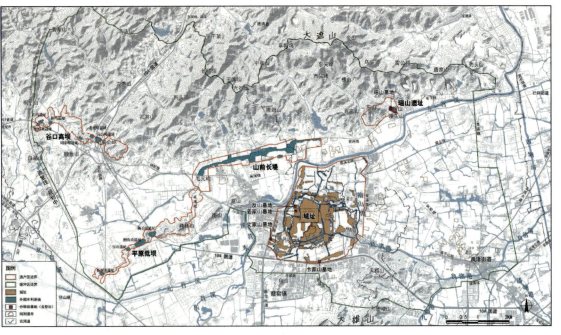

图 3-4　良渚遗址平面分布（引自中国建筑设计研究院建筑历史研究所编《良渚古城遗址申遗文本》）

良渚文化的核心分布区域是在环太湖流域，年代大概是在公元前 3300 年到公元前 2300 年。它的区域中心在今天杭州西侧余杭区的这个 C 形盆地内，以前叫良渚遗址群，2007 年确认了城墙范围后，现在叫良渚古城遗址（图 3-4）。从这个图上，我们可以看到位于中心的莫角山宫殿基址，重要的贵族（王）墓地，和西侧北侧的水管理设施（水坝），以及到了良渚文化晚期营建的规整的城墙。毫无疑问，这是一个能够动员很大的社会力量，凝聚和组织很多人力物力的复杂社会。尽管没有文字和冶金术，但目前学界都公认，这是中国最早的城市文明之一，在社会发展程度上，可以跟西方的其他都市文明／早期国家相提并论。

良渚文明有很多可以讨论研究的内容，其中最主要的一个，当然就是玉器上所体现出来的物质文化成就。大部分研究良渚玉器的人，都会说良渚最重要的玉器就是琮、璧、钺。今天我们从垂直维度来梳理一下良渚大墓的材料，就会发现这三类玉器并不是同时出现的，并且这三类玉器从来都没有形成一个固定的组合方式，来表达良渚社会的礼（社会秩序）。同时，良渚文化对同时期及后世各地区的影响，在这三类玉器上的体现也各有不同。

我们先来看良渚最高等级的大墓——反山墓地的M12，也就是大多数人知道的出土"琮王"的墓（图3-5）。这座墓一共出了六件王琮，一件玉钺。我不敢肯定像玉瑗一样的东西是不是可以被称作璧，但根据后来良渚玉璧的出现和广泛使用，大概良渚人观念里面的"璧"在M12阶段还是没有的。通过比较研究发现，在反山M12这个最高等级的王墓里面，真正体现当时王的身份等级的并不完全是琮、璧、钺，而是墓主人头部所佩戴的这套玉器组合，这里我借用浙江省文物考古研究所方向明老师手绘的示意图加以说明（图3-6）。良渚王的头饰中，有一部分是体现王族身份，有一部分是体现男性身份的，还有一部分体现这个区域的中心性。作为贵族男性，他要佩戴的头饰包括一套半圆形组佩、三叉形器和一套锥形器。半圆形组佩，目前看是只有反山瑶山墓地这样最高等级的墓葬才有，它应该是穿缀在类似发带、王冠这样的头饰上的部件，因此这组玉器是身份和性别的共同体现。三叉形器，则可能是文化核心区以及杭嘉湖地区的一种头饰，目前看在上海福泉山、常州寺墩等区域中心，即使大墓中也看不到三叉形器，因此，这种玉器指征性别和一定的地域性。锥形器的情况比较复杂，像示意图中这样，成把放在头部是良渚文化特有的随葬习俗，只有男性可以使用，一般都是单数成束，从3件一组到11件一组不等，等级越高的墓葬数量越多，因此这种玉器既代表性别和等级，又具有很高的普遍性。

头部还有一件我们以前称为"冠状饰"的玉器，从海盐周家浜遗址出土的实物证据显示，这是一把梳子的柄部（图3-7），反映了当时良渚人的发式，我们现在给它起了一个名字叫"玉梳背"；这个器物，男女不分，人均一件，说明良渚文化范围内大家都是一样的发型。

从头部随葬这些器物看，在良渚时期已经有了一套很清楚的用玉制度。所以，良渚文化发展到中期阶段，也就是在反山墓地M12入葬的时候，我们看到的是怎样一套"礼制"呢？首先，得把"璧"去掉，这个阶段还没有形成用璧的传统，更谈不上后世所谓琮璧礼天地的观念。这个就是考古学从出土背景和组合关系出发研究玉器并理解古代社会的方法。

图 3-5 良渚遗址反山墓地 M12 平面（上为南，头向朝南）

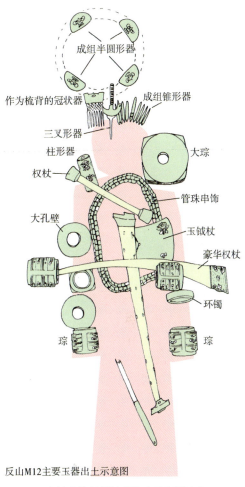

反山M12主要玉器出土示意图

图 3-6 良渚高等级男性贵族头饰复原（浙江省文物考古研究所方向明绘）

图 3-7 玉梳背

图3-8 良渚文化玉器纹饰在良渚遗址群内各类玉器上的表现

当然钺和琮这两类玉器仍然是良渚社会权力的重要表现，不过用同样的方法放回墓葬中分析，琮和钺的使用及象征意义是需要区分开来的。玉钺作为男性身份地位的象征，每个人可以用但只能用一件，这个用钺制度在浙北地区和良渚遗址周围尤为严格，并不是说越多越好。在这个阶段，每个王只能有一件玉钺，同时，一般贵族甚至普通聚落里面社会地位略高的男性也只能随葬一件玉钺。而琮就不同了，墓葬中是可以放好多件的，并且有的制作精美，有的是为了随葬而赶制，同一个墓葬内的玉琮也会有很多来源。

综上可知，在良渚文化最高等级的社会群体内，他们会通过严格的头饰，通过人手一件的玉钺，通过琮的数量和质量来综合体现王的等级。但说到良渚玉器上最著名的"神人兽面纹"，纹饰在玉器上的使用又有另一套规则。在我看来，纹饰的使用才真正体现了良渚遗址群作为区域中心的唯一性和特殊性。

为什么这样说？我们在良渚遗址群会看到这个"神人兽面纹"被刻在各种各样的器物上（图3-8），刻在玉钺上、冠形器上、玉璜上，只要是玉器都可以刻，玉琮上当然可以反复刻。但当我们走出这个C形盆地之后，即使是在上海、江苏的一些次中心遗址，这些纹饰也只能出现在玉琮或者"琮形"器上，其他的玉器上再也没有这些纹饰了。所以，我们就知道良渚用玉的制度有两个不同的层次：一个层次是什么样的社会身份可以用哪些种类的玉器，这个层次通过个人佩玉用玉来体现社会等级，是资源与权力的集中体现；另一个层次是在什么样的玉器上才可以刻良渚纹饰，并且在多大范围内可以流通，这个层次体现出玉器承载的观念信仰的统一性和等级性，是纹饰和信仰的共生关系。这是良渚社会发展到中期阶段形成的较为极致的用玉制度。

在下一个王的时期，这个规则就变了，我们说它出现了新的物质性。在反山M20墓中，一下子出现大量重复且体量很大的玉石器，这几十件玉璧和石钺，满满地铺设在墓坑中，使得重要的玉钺和玉琮都没有那么显眼了（图3-9）。但如果仔细检索出土资料，反山M20墓有四件玉琮，一件玉钺；头部同样有半圆形饰组件、一套锥形器、三叉形器和冠状饰，这些仍然继承了前一个王的等级制度。同时，从这个王墓开始，

图3-9 良渚遗址反山墓地M20平面（上为北，头向朝南）和随葬玉璧石钺

良渚的用玉制度和玉石生产体系又进入了新的阶段，出现了新内容。

在反山M12墓时期，我们还没有看到典型的"玉璧"，只有一把玉钺和四件零星出土的大孔石钺。但从M20墓开始，到M14墓、M23墓，这些反山墓地最后阶段的"王"的墓，均使用大量同类同料的玉璧和大孔石钺作为身份地位的重要表现。在男性墓（M20、M14）中，玉璧和石钺数量都同等增多，而到了M23这样的女性墓，一眼望去就只看见54件玉璧。在同一个墓地中，出现物质文化上如此重大的变革，我个人理解是玉料来源的变化促成的。根据分析检测，我们知道这些大玉璧都是含铁量较高的阳起石制成。不同于早中期用以细刻纹饰的透闪石类玉料，这些阳起石虽然也是软玉，但是并不适合进行精细的纹饰雕刻，因此良渚人在发现并利用这类新的软玉资源后，不得不重新发展出新的器类，制作新的"身份标志物"，形成新的用玉制度。

玉料引起的变革也体现在玉琮本身的形制变化上。我们都知道，良渚晚期的玉琮越做越高，以寺墩M3为代表，一个墓葬内放置了绝

图 3-10　江苏常州寺墩遗址 M3 平面和主要随葬玉器

大多数为高节的玉琮33件，大玉璧21件，这些琮、璧几乎全部用含铁量较高的阳起石制成（图3-10）。

从良渚文化自身的发展进样看，玉石器一直是这个社会权力的来源和重要表现。到了晚期，因为适合的玉料逐步匮乏，转而利用新的阳起石软玉资源继续发展这个玉石器专门化生产体系，但是因为新的玉料从材质上讲并不适合刻纹，物质性上所承载的观念和信仰便渐渐减弱了。尽管良渚社会在晚期阶段，仍然通过琮、钺和新出现的璧的组合，维系着高等级社会的关系网络和等级秩序，但早中期玉器纹饰中所包含的信仰内容却很难通过玉器本身再继续传递并继承下去。因此，虽然在良渚文化区内，我们仍然可以看到良渚晚期如上海吴家场墓地这样满刻在象牙器上的"神人兽面"和其背后一直没有变化的"良渚精神"，但在良渚玉器向外传播交流的过程中，却因为资源、工匠等环节的缺失，不停地发生着模仿、误读和创新。在新石器最末阶段，中国各地区出现的不同类型的玉石琮，因此表现出不同的嬗变和转用。

在梳理完上述纵向观察良渚社会内部的视角之后，我们接下来从一个横向的跨区域和时间的角度来讨论新石器晚期不同地区使用的"玉琮"分别有哪些特点。在纵向的社会内部的研究中，我们强调了玉器出土的背景，它们具体的使用和变化，但到了更大尺度跨时空的比较研究中，我们则会更多利用考古类型学的方法进行分类和分区，

图3-11-a 琮的变体之一：
山东五莲丹土遗址

图3-11-b 琮的变体之一：
山西陶寺遗址出土

图 3-11-c　琮的变体之一：陕西芦山峁遗址征集

希望大家能体会到这种方法上的区别。

我现在要说的部分是非常个人的认识，大家听不同的人讲会有不同的分法。我个人的看法，琮的第一种变体是很明确的，应该是良渚文化交流传播到山东地区率先出现的。以这件日照地区出土的大汶口晚期到山东龙山文化时期的玉琮为例（图 3-11-a），它是一件比良渚同类琮稍晚一些的作品。当你已经看过上面那些典型的良渚玉琮，再看这一件，一定可以肯定这是山东先民自己做的，而不是"良渚人"做的：第一个反应肯定是怎么可以这样乱刻，怎么会把眼睛直接刻在了代表"冠"的几道线上呢？可见制作者并不能完全理解良渚玉琮纹饰的内涵，因此这种"仿制"是只得其形而未得其神。同时，这件玉琮非常突出的是四个角位，而不是整体的弧方形态，这个特征后来在山东地区对整个北方的影响中也被逐次传递到了其他区域的玉琮上。

继续沿黄河往西溯源而上，我们在山西南部的陶寺文化中可以看到类似的玉琮（图 3-11-b）。接着跨过黄河到延安地区，我们看到在芦山峁遗址中有这样一件有趣的变体（图 3-11-c），从器形上看，这是强调四角位的山东式矮琮的延续；从纹饰上，本地人（或传播中的某个

图 3-12-a 琮的变体之二：甘肃师赵村遗址出土　　　图 3-12-b 琮的变体之二：山西清凉寺遗址出土

图 3-12-c 琮的变体之二：芝加哥博物馆所藏部分齐家式玉琮

族群）补刻了他们交流获得的良渚玉器上的"正宗"纹饰，可惜良渚正宗是不会在同一件上重复刻画"兽面"部分的，更不会把纹饰刻得上下颠倒——这些"误读"暴露了这件玉器的山寨属性。因为在芦山峁同一个地点曾经征集到良渚玉琮的遗留物，同时在黄河中下游目前并未见到刻纹的良渚矮玉琮，因此，我们倾向于推测这件芦山峁玉琮是当地人的作品。

第二类很重要的玉琮变体是西北系玉琮，也就是学界通常所说的齐家琮。这种琮的特点是完全没有角位，整个射口同外立面齐平，整体变成一个四方形筒状（图 3-12-a）。这个样式的琮到底是西北地区齐

图 3-13　琮的变体之三：陕西石峁遗址征集

家文化先民自己独立"想出来"的，还是说在文化交流的过程中，对良渚"琮"的理解慢慢发生了变化，并且在西北地区找到了新的玉料来源，进而发展出来新的制玉体系呢？目前学界还有不同意见。我个人认为，有山西清凉寺出土的这类例子（图 3-12-b），齐家式玉琮应该是我上述所说第一类变体流转到晋南地区后，慢慢简化转化制作工艺进而发展固定下来的。齐家文化琮是良渚文化之后，中国史前阶段玉琮专门化生产的一个重要分支，现在全世界各大博物馆都藏有大量齐家式的玉琮（图 3-12-c），相比之下，来自长江下游的良渚正宗却十分难得一见。中国西北地区是早年西方汉学家、探险家涉足的"重灾区"，这多少影响到海外馆藏品的内容和比例；但国内甘青宁地区征集到的齐家式玉琮总共不过三四十件，数量和体量均远不及海外藏品，个中缘由也有待细考。

　　第三个有意思的玉琮变体，出现在陕北地区的石峁文化中。台北故宫博物院著名的玉器研究专家邓淑萍先生很早就提出"华西"系玉器的概念，现在看来陕北用玉和甘肃青海的齐家文化还是两个不大一样的系统。石峁遗址中并不见齐家式玉琮，倒是出现了对高节大件玉琮的改制现象。为了制作陕北地区流行的刀钺类玉器，当地出现把玉琮片成片儿，改制成片刃器（图 3-13），我把它叫作琮的第三种变体。

　　长江流域同样受良渚文化的影响，其出土之玉琮可以看作是玉琮的第四种变体。跟北方地区对玉琮的概念不同，长江流域强调的更多

171

图 3-14-a 琮的变体之四：湖南庹家岗遗址征集

图 3-14-b 琮的变体之四：上海广富林遗址出土

是琮"敦实"的一面，我猜想是因为中下游地区存在同时期比较深入频繁的交流，当时在仪式活动中见到过"琮王"这类玉器的缘故。所以这类玉琮普遍是一个外方内圆的形态，没有强调射口的部分；同时在玉琮表面用横竖线来模仿和表达"节"和"面"的概念，尽管节面所承载的"神人兽面"纹饰的内涵早已"失传"（图 3-14-a）。非常有意思的是，这类玉琮最终又流传回了长江下游，出现在良渚之后的广富林文化中（图 3-14-b）。可见短短数百年后，环太湖地区的族群已然发生了变化，良渚时代高度统一的信仰观念完全丢失了，历史记忆有时候可以变得如此短暂。

除了上述四类新石器时代玉琮的变体，到了商周阶段，只有在殷墟和成都平原的金沙遗址仍然继承并沿用了琮这类特殊器物，后者用本地的籽料生产制作比较大体量的玉琮产品。其他区域出土的则较为零星，玉琮这种属于新石器时代的"礼器"，并没有在后世流行和沿用下去。

四 璧和钺：黄河流域史前文化的互动

琮的故事大概讲完了，我们接着讲璧和钺。刚才我们已经说到良渚文化中的大玉璧，它的出现比良渚的琮和钺要晚，同时并没有同玉琮玉钺形成固定的组合使用关系，并且这种大直径小孔的玉璧跟我们看到的北方璧环有很大差别。所以我个人意见，璧和钺（片刃器）的传统应该追溯到山东地区而不是长江下游。同样，我们用考古学的方法，先分析山东本地璧钺类玉器在新石器晚期的使用，进而讨论如何传布到黄河流域其他地方。

山东地区近年来非常重要的一个新石器晚期考古新发现，为我们讨论中国黄河流域玉璧和刀钺类玉器的起源提供了重要的线索，这就是位于章丘的大汶口文化晚期的焦家遗址。由于这是山东大学主持的2016—2017年的新发现，大部分资料还在整理中，我们只能简单介绍一下重要的相关成果。

大汶口文化中晚期，尽管山东地区的陶器面貌基本一致，但各区域存在很多不同的用玉小传统。囿于时间关系，我们今天不一一举例。以前我们并不清楚在泰山北麓也就是鲁北地区是怎样用玉的，焦家遗址正式发掘之后，为考古学家提供了新的研究材料。焦家遗址的墓地，可以分成明确的大墓墓区（图3-15）和普通墓区，这个跟良渚文化仅有十余座的人工土台贵族墓地相比较，显然对应着不一样的社群规模和社会结构；同时，大汶口的墓葬均为东西向，跟良渚南北向的葬俗截然不同，也反映了背后不同的人口和族群。最主要的是，焦家大墓跟良渚大墓在墓坑结构、随葬品内容和埋葬制度方面都很不同。如果大家记得前面举的反山王墓的墓例，就会知道，良渚墓葬墓坑都是长方形的，规模不大，一般用一个独木棺葬具，只随葬大量的玉器，并且玉器大多集中摆放在葬具内。但焦家的大墓墓坑非常深，

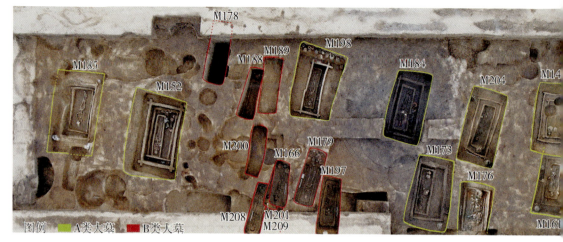

图 3-15　山东焦家遗址 2017 年南区墓地局部

有二层台，有棺椁，这些跟整个中原地区到青铜时代的大墓的形制都是一脉相承的，都是用这样的结构来体现墓主人的身份等级。从随葬品角度讲，良渚文化中玉器、少量漆器和象牙器是集中反映社会等级差异的重要内容；但在焦家大墓中，同其他大汶口文化高等级墓葬类似，我们可以看到很多陶器，并且大部分都摆在二层台上，放在棺椁之间，是葬仪活动中的重要用品，与之相反，玉器反而更多的是墓主人身前佩戴的东西，并不构成"礼"的主要因素。用一套复杂精美的陶容器来表现礼，如果进一步考虑商周时期的青铜器，也能多少理解内在的同源性。

今天还是集中来讲出土的玉器。焦家墓葬比较清楚地体现出一套完整的"佩玉"和"玉兵"体系。不管是墓坑规模巨大的二层台多重棺椁墓例，还是相对窄长，在墓坑一头倾倒大量陶器的墓例，在玉器使用上都表现出惊人的一致性（图 3-16）。佩玉的部分包括戴在手臂上的一件大环璧，戴在手上的一个玉扳指，耳部使用的耳坠耳珰，以及在颈部摆放的使用时可能成串儿的小玉环组佩。这些玉器大多内孔有穿缀和长期使用摩擦的痕迹，应该是墓主人身前就佩戴使用的玉饰品。"玉兵"则是以放置在腹部的穿孔石钺和多孔石刀为主，这类玉器待讲完玉璧后再回来讨论。

我的感觉，这个焦家遗址出土的手臂上穿戴的"环璧"，才是后来中原即黄河流域用璧传统的发端。我们往西看下一个遗址，位于晋南芮城地区的清凉寺墓地。如果对比山东、山西这两个墓地的葬俗，我们会看到很多相似之处（图 3-17），这其中，手臂上穿戴环璧便是主要现象之一。慢慢地，清凉寺的人开始在手上戴一大堆的环璧，这其中有一些可能是外来的，玉料和线切割的制作工艺，仍旧是海岱地区的风格；但也有一些是本地新出现的制璧工艺，比如"联璧"的产生。关于"联璧"，我们可以对比清凉寺墓地出土的这样两件器物（图 3-18）：左边这件原来是一个完整的环璧，后来破损了，为了继续使用，不得不在破裂处钻孔，以便系在一起继续佩戴，这件环璧上有线割痕迹，长期使用的痕迹也十分明显，很可能是一件来自海岱地区的远程产品，也看得出来清凉寺的先民是很"宝贝"它的，所以损坏后还需要修补使用。右边这件虽然也是联璧，则大不相同了，一方面

a b

图 3-16 焦家遗址大型墓葬的葬玉习俗
a：焦家 M152 平面（上为东）b：焦家 M 57 平面（上为东）

175

a　　　　　　　　　　　　b　　　　　　　　　　　　c

图 3-17　山西清凉寺墓地类似焦家的葬玉习俗
a. 清凉寺 M200 平面（上为西）
b. 清凉寺 M46 平面（上为西）
c. 清凉寺 M48 平面（上为西）

a　　　　　　　　　　　　　　　　　　b

图 3-18　清凉寺不同原因造成的"联璧"
a. 破损修补的"联璧"（清凉寺 M4 : 1）
b. 同料片割及拼凑而成的"联璧"（清凉寺 M201 : 1）

图 3-19　山西下靳遗址出土"联璧"

图 3-20　山西陶寺遗址出土的玉璧与彩绘罐

这三块显然不是一件完整器物破损而来,从照片上都能明显看出是由两种不同原料拼凑而成;同时右边这两块从纹理上能明显看出是从一整块玉料上切片而来,用的是晋陕高原往西到齐家文化都十分流行的"片切割"技术——因此,本地区在制作"联璧"(仿制环璧)的过程中,已经丢弃了原来对整块料成器的基本要求,只要能"拼凑"切片获得一定数量同类形状的扇形玉片,再组合到一起,就能满足对这类器物"形"和功能的需求了。甚至于发展到后来,片璜相联的意向更加被强调,联璧中的"联"比"璧"还重要(图 3-19)。正是因为在这个地区有了这样的切料制玉工序,从晋南地区开始一路往西,就会

a   b

图 3-21 青海喇家遗址房址内出土的玉璧和玉料
a. 房址 F4　b. F4 东壁局部

看到在齐家文化和陕北地区也有大量类似的"联璧"。

同时,"璧"除了作为佩玉使用,也开始进入不同的出土背景。同样在晋南地区,陶寺大墓 M22 和 M26 中,都出现了用玉环璧当"器盖",放在壁龛中置于彩绘陶罐罐口之上的用玉事例(图 3-20)。再到青海齐家文化的喇家遗址中,可以看到在灾害之后原状保存的房址一侧,壁龛处有意摆放的用于祭祀或供奉的两件玉璧和两件玉料(图 3-21)。

另一类跟玉璧有关的玉器是所谓"牙璧",又叫玉璇玑(图 3-22)。这类特别的器形最早见于山东地区大汶口文化,一个是鲁东南的五莲丹土,一个是滕州即鲁西南地区;刚刚提到的鲁北焦家遗址,200 多座墓葬中,也没见一件类似玉璇玑的器物。正如我之前所说,大汶口文化内部的区域性体现在制玉和用玉传统上也是很强的。有意思的是,这类牙璧在环璧流通的管道中仅仅被陕北地区的石峁文化接受,却似乎并没有得到齐家文化的青睐。

最后,再来看一类对新石器晚期甚至二里头阶段都很重要的片刃玉器:钺和多孔刀。我们再一次回到章丘的焦家墓地 M152,除了刚才讨论环璧所提到的"佩玉",焦家遗址每座大墓也都有放在腹部的"玉兵",一般多为有孔玉钺。M152 这个墓例比较特殊,从照片上看似乎腹部放着一件多孔玉刀,实际上,这件玉刀下面还压着一件玉钺(图 3-23)。多孔刀显然并不是一件实用兵器,它的刃部往上,三个孔均用玉料塞住了;玉钺被压在刀下,放置在腹上,这显然跟良渚文

a b c

图 3-22　从山东到陕北的玉璇玑（牙璧）
a. 山东五莲丹土遗址出土　b. 山西陶寺遗址出土　c. 陕西石峁遗址采集

化的玉钺用法不同，后者是有柄有端饰，摆放在男主人身侧仿佛生前擎于手上的权杖。从摆放位置来讨论玉器的功能和象征意义是很关键的。在焦家墓地中，这些片刃玉器并不具有仪仗性的意义，更像是放在腹部用来"护体"的。焦家遗址这个墓例的发现非常重要，因为就在距离不远的临朐西朱封遗址，大约几百年后，龙山中期的大墓中，也几乎出现一模一样形制和使用方式的玉刀玉钺（图 3-24）。多重棺椁的墓葬形制，只用"佩玉"和"玉兵"的用玉习俗，似乎可以看到一些内在的联系。

由穿孔石斧变来的"玉钺"，并不能说是山东地区独有的，在中原、长江中游和长江下游的新石器晚期墓葬中，均有用玉钺的现象。但是如果考虑用料、制作工艺，尤其是钺上穿多孔或半孔，再用玉塞封住的特点，则整个黄河流域非常扁薄的玉钺是有自己的特点的。这种类型的玉钺，最早多见于鲁东南五莲丹土，现在焦家遗址发掘后，我们知道鲁北也有类似的传统。一路往西，同样在刚才提到的清凉寺和陶寺为代表的晋南地区，这类玉钺和多孔刀均是较为流行的。略有不同的是，陶寺出土的玉钺，跟山东地区的相似性很高；而清凉寺出土的多孔刀，则有非常鲜明的本地特征——因此大概我们也知道，这类片刃器跟玉璧一样，在往西交流传播的过程中，有成品的流通，也有观念的流动。

同玉璧类似的是，带刃玉器在齐家文化和陕北地区，并不再是随葬品，而成为更加公共的祭祀仪式活动中的用器。陕北地区有一个非

a　　　　　　　　　　　　　　　　　　　　　　b

图 3-23　焦家 M152 平面局部（a）和图中未见压在玉刀下的玉钺（b）

图 3-24　山东临朐西朱封 M202 出土的玉刀玉钺

常著名的神木新华遗址，发现了一个坑，坑里面插着 36 件玉质的带刃器（图 3-25），有几件可以拼起来，最后完整的是 32 件——也就是说破了没关系，破了照样用，因此可以推测，是玉的片刃形态——可能就是它坚硬脆薄而又锋利的特质，才是仪式活动中有价值有意义的内容，倒不一定是钺或者刀这种器形。

　　跟新华遗址可以呼应的例子来自更加重要的陕北区域中心城址石峁遗址。这个大约兴盛于公元前 2000 年的石头城，其整体规模和砌石筑城的技术均是新石器末期绝无仅有的。如果说前面举例的良渚古城，是五千年前中国城市文明兴起的典范和物质文化成就的最高代

图 3-25　陕西新华遗址出土玉器坑

表，那么到了距今四千年前，陕北的石峁古城，则成为与良渚有一样历史价值和物质成就的区域中心。虽然石峁并不像良渚这样，完全通过对玉器的控制和使用来独霸陕北，但是仍然是曾经征集了大量高等级玉器的中心聚落。有意思的是，在为数不多的发掘出土玉器中，玉片刃器无疑是石峁遗址流行的大宗，并且这些带刃的刀钺，都被嵌砌在石墙内，或者竖立放置在石墙边（图 3-26），同新华遗址"玉刀坑"的情况类似。

继续往西进入甘青宁地区，齐家文化也是流行这类玉质片刃器的地区，但同齐家琮璧一样，大部分齐家玉器都是采集收缴的，不清楚本来使用的背景和状况。举一个相对明确的考古发掘实例，位于青海的宗日遗址，这里发现了一个按照墓葬清理的大型长方形坑，一开始编号为 M200，结果清理完发掘者觉得并不是墓，可能是一个特殊的祭祀坑，这个坑里面放了 5 件玉器，包括 1 件玉璧、3 件玉刀和 1 件长条形玉器。

因此我们就知道，在新石器末期发展出来的所谓齐家/陕北的"华西"玉器系统中，虽然琮镯转来自良渚文化，环璧和刀钺可能来自海岱大汶口—龙山文化的传统，但在找到了本地可持续利用的玉料资源，发展出以片切割为主要工艺特征的玉器专门化生产体系之后，玉器的功能和"意义"发生了很大的转变——尤其是这些带刃锋利且脆薄的"玉兵"，它们的使用已经脱离了"个人性"，脱离了墓葬空间

图 3-26 陕西石峁遗址皇城台地点外瓮城出土玉钺

和个人身份等级的象征意义，成为各种仪式/祭祀活动中的一种物质载体，玉器的价值和象征性更加"公共"了。

如果说以良渚为代表的玉器可以称为"礼器"的话，齐家/陕北的这些"玉兵"同样也是"礼器"——不同之处是，良渚的礼为体现等级、性别、地域之异同，可谓"社会秩序"、礼法之礼；而西北地区的礼则更关乎整个社会的仪式习俗，可谓是礼仪（仪式）之礼。

五 从"以玉为礼"到"以玉比德"

讲到快尾声了，我可能需要再强调一下，这个玉器讲座为什么我们没有按照传统的讲法，介绍不同时代各种类型玉器的工艺特点、纹饰特点呢？我个人希望，通过这一讲，大概能表达一种考古学视角下的玉器研究，它不同于文物/古器物研究的一些特点。

用同样的视角简要梳理一下青铜时代用玉传统的发展，我们马上发现一个重要的"回归"，那就是玉器再次成为墓葬中的重要组成部分，用玉来表达社会身份和权力——这种来自新石器时代东南区域的"物质性"被夏商时期的高等级社群继续沿用；到了西周之后，用玉来表达永生/再生的生死观，亦逐步发展成为"物精"之说，成为中国玉文化中的一个重要内容。

二里头文化中,最重要的两类玉器无疑是璋和戚(图3-27),都可以在新石器时代找到前身,同时,新石器时代流行过的琮和璧则没有被二里头文化吸纳继承。牙璋目前看到最早有明确出土背景的,一为石峁遗址皇城台的倒塌堆积;一为郑州新砦文化花地嘴遗址。这两类璋用料相似,形态上都比二里头墓葬中出土的要古朴许多,尚未形成复杂的扉牙,刃部也没有做得夸张而不实用,从年代和形态上看,无疑就是二里头牙璋的来源。虽然目前还不能确认牙璋的起源是在陕北还是"东夷",但是把牙璋的出现放在整个北方地区盛行"片刃"玉兵的大时代末期是不难理解的。到了二里头时期,牙璋的"牙"制作得愈发复杂有讲究,牙璋无疑是作为身份标志物出现在墓葬中的。

图 3-27 二里头遗址出土的玉璋和玉戚

图 3-28　妇好墓出土部分玉雕作品和片状玉佩

另一个同新石器时代有关的二里头文化玉器是"戚"。所谓戚，一般也是指"斧"的一种；考古学家一般将穿孔刃宽、器身扁薄之斧称为钺，而两侧加了扉牙的钺就叫作"戚"。从这样的演变规律来看，二里头开始盛行的玉戚自然跟新石器时代的玉钺脱不了干系。同时，这些玉戚也是墓葬中墓主身份地位的标志。

由于二里头文化阶段发现的大墓数量有限，我们尚不清楚用玉制度具体如何，但这些没有太多实用功能，也不具有装饰品功能的"玉兵"，无疑延续了新石器时代"藏礼于器"的用玉传统，至于其为礼法抑或礼俗，则有待更多考古发现来补充印证。

到了商代晚期殷墟阶段，以妇好墓为例，我们看到大量郭宝钧先生称为"玩好"之玉的可爱的玉雕作品（图3-28）。青铜容器成为商周礼制的主角，玉器的功能随之改变，对玉材的特质也出现新的认知和隐喻。二里头流行的各类"玉兵"中，唯一被商人沿用并不断增加生产规模的就是"玉戈"，甚至到西周时期，玉戈仍旧是摆放于葬

图3-29　四川成都金沙遗址出土玉牙璋（包括由玉戈改制的璋）

具上的重要礼兵之器——这类玉戈无论从选料、开料还是制作工艺上看，其背后的技术体系仍然是源自新石器晚期的"片刃玉兵"。同时，商人大量使用片状/璜形玉材为底本，刻纹制作商代的佩饰，这些同各类可爱的圆雕作品一道，体现出商代自身发展起来的制玉工艺传统，并在纹饰风格上与铜器合流，这种"流水线"式的玉器生产，为下一阶段周人大量使用的组玉佩奠定了基础。

商晚期到西周早期，用玉方式唯一的例外是在成都平原。在金沙遗址，仍旧延续二里头时代的传统，用大量片刃玉兵，不仅牙璋继续发展变化，甚至不惜把玉戈改制成牙璋（图3-29）。并且在早于金沙的三星堆文化中，除了牙璋，还大量制作使用石璧。这些玉石器的使用方式，也跟祭祀活动直接相关。因此，我们学院孙庆伟老师讲到这些玉器时，称其为"礼失而求诸野"，反倒在四川偏隅之地继续着"藏礼于器"的用玉传统。如果放到更大空间尺度讲，金沙流行的牙璋、有领环等玉器，来源于夏商最终传播流行到东南亚地区的青铜文明，倒不失为早期东亚地区物质文化辐射力的体现。

限于时间，西周阶段我们就举晋侯墓地这一个例子，这也是北京大学和山西省文物考古研究所几十载、数代人合作考古的重要成果。对于周代用玉，我更是外行，这里无非是转述和借用其他同行专家的成果，给大家做个简单的梳理。

西周阶段，大约最重要的是对玉器之功用有了更明确的分类，以M31夫人墓为例（图3-30），从墓坑内随葬品的分布上，就可以清楚看到"玉兵""佩玉"和"丧玉"这三套不同的用玉系统。由大量玉璜/玉佩饰和远距离获得的玛瑙珠组合而成的显得隆重又累赘的大型组佩器，可能符合郭宝钧先生所说的"配列"之玉。如果说这个配列之玉是贵族王族生前地位身份的体现，是活人之玉，放置在人身上和葬具上的大量玉戈，则是葬仪活动中所用之玉，是礼仪之玉，那么周代开始流行的"玉覆面"，无疑就是给"死人"专用之玉了（图3-31）。周代的玉覆面一般都不会事先做好，经常看到是用各种玉佩改制拼凑成套，显然这种特殊的玉器组合就是专门制作给丧葬活动所用，因此称为"丧玉"；大概西周中晚期，还没有形成制作丧玉的专门化制玉

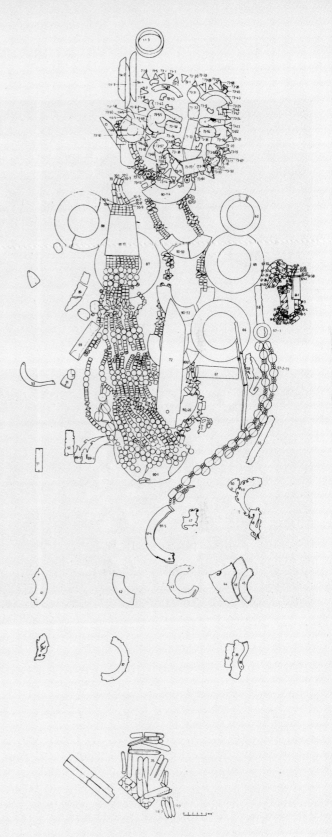

图 3-30　山西北赵晋侯墓地 M31 平面

M31 棺内器物分布图

35. 足部玉饰　36、39. 玉饰　37、43. 玉龙形璜　38. 玉蛇形饰　40. 玉夔龙形饰　41. 玉重环纹饰　42. 玉重环纹璜　44. 玉矩形饰　45、46、53. 玉璜　47. 玉鸟形饰　48. 玉虎形饰　49、60. 玉龙形饰　50、62、81. 玉蝉　51. 玉龙形片　52、59. 玉人　54、55. 玉条形饰　56、58. 玉回首夔龙形　57-1、65、66、87、88. 玉环　57-2. 黑角质串饰　57-3. 料珠　57-4、5. 玉虎　61. 小玉牌串饰　61-1. 梯形玉牌　61-2～13、16～19、21～26、28～31、34～40. 玛瑙珠　61-14、15、41、42. 玉蚕　61-20、32、33. 玉管　61-27、89-4、5. 玉龙　63. 大玉块　64. 方玉柱　67、69、71. 骨器　68. 镂空玉佩饰　70. 玉牌联珠串饰　72. 玉戈　73-1～74. 玉石覆面　77. 玉龟背形饰　86. 玉猴　113. 玉圆形发饰　114-1～6. 玉发饰　90-1、26、51、72、93、114. 六璜联珠串饰

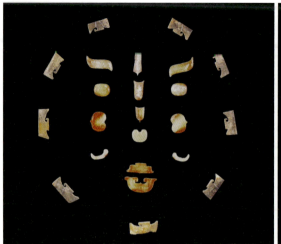

a

b

c

d

图 3-31　各类玉覆面
a. 北赵晋侯墓地 M91 玉覆面　b. 北赵晋侯墓地 M62 玉覆面
c. 三门峡虢国墓地 M2001 玉覆面　d. 西汉双乳山汉墓玉面具

体系。而随着丧玉体系的发展，东周到汉代，慢慢地出现做成面具一般的玉覆面，最终发展成为"金缕玉衣"这样的全套丧玉，同时口含、手握玉器也成为丧葬用玉中的标配。

这个丧玉体系里的玉，我个人认为才是所谓玉帛二精，把人对德行和精魄的寄托赋予"玉"当中的一种表现。《左传》中说"用物精多，则魂魄强，是以有精爽，至于神明"，这个只有结合到两周至汉时期古人在丧葬活动中用玉护体，口含手握玉器的习俗，才能充分理解所谓"玉为物精之首"。当然到了东汉王充作《论衡》，他又专门拿来伯有的故事当反例讲，显然已经不大相信所谓物精多则魂魄强的说法。"精气说"的思想后来也仅仅保留在道教中。有意思的是，这些年中华玉文化中心编制的古玉研究文集恰恰叫作《玉魂国魄》，多少反映了对玉之隐喻性的继承。

玉的另一重传统文化含义则在"君子比德于玉"之中。如何从考古学角度理解孔子所谓"君子比德于玉"，这种把人的德行和玉联系在一起的认知又从何时开始呢？如果我们回到《礼记》的文本里，就知道孔子说君子比德于玉，是基于子贡的问题而来。子贡问为何君子珍视"玉"而轻贱"珉"，是因为玉少珉多（资源的多寡），物以稀为贵吗？这里的"珉"，一般理解为类似玉的石头。古人对不同档次的美石是会区分高低的，"故虽有珉之雕雕，不若玉之章章"。考古上看也是如此。蛇纹石、软玉（透闪石和阳起石）这两大类一直是新石器时期玉器的主要材质，同时软玉在新石器阶段就被认为是最高级的材质，用来制作最重要的礼器，由身份等级最高的人来使用。青铜时代之后，"美石为玉"的范畴其实倒是越来越宽泛了，大量非软玉材质也用来制作玉器，这当然跟玉器使用的普遍性有关。回到孔子答子贡的问题上，孔子接着说，珍视玉而轻贱珉当然不是因为多寡，而是因为玉的各类特点可以媲美君子的德行，这时孔子列出"玉"可以媲美"仁、义、礼、智、信……"甚至比肩"天"与"地"的各种理由，实在是跟我们所说的"软玉"关系不大，更多的是借题发挥。虽然这个被孔子理想化的"君子"，不大会有考古学上"用玉比德"的十足证据，但这些相关记载倒是能反过来帮助我们理解古人对玉、珉进行分类的线索。东汉许慎在《说文解字》中精简的"玉有五德",可以摘录作为古人对"玉"之物理特征的集中认知:"玉,石之美者,有五德:润泽以温,仁之方也;䚡理自外,可以知中,义之方也;其声舒扬,专以远闻,智之方也;不挠不折,勇之方也;锐廉而不忮,洁之方也。"这些对"玉"外观、透明度、硬度的描写,跟当代矿物学对"软玉"的定义相比,虽不中亦不远矣,这也符合考古学研究中自新石器时代开始古人对"软玉"资源的认知水平。

六　结语

概括来看,中国早期用玉传统的变化,从大的脉络讲,中国玉器起源发展经历了新石器时代到商周时期"以玉唯美"(装饰品)到"以玉为礼"(礼器)的变化过程,这其中"以玉为礼"在新石器晚期又可以大体分为东南地区体现个人性的"秩序之礼"和西北地区体现公共性的"仪式之礼";两周秦汉之际,玉器的使用逐步世俗化,其隐喻性则变得礼教化,一方面从考古实例中看到的是从"以玉为礼"到"以玉护体"的丧葬用玉体系的兴起;另一方面又从社会智识阶层中发展出"以玉比德"的意识形态体系,两相辉映颇有趣味。

而中国玉文化传统观念的转变,也大体符合上述由考古学勾勒的宏观叙事:从"以玉事神"到"以玉为礼",最终通过"以玉比德"实现了对玉本身的超越。

第四讲

和而不同
——中国古代建筑中的序与道

中国人民大学通识教育大讲堂
中国物质文化常识系列 —— 第四讲

中国古建筑

主讲人
徐怡涛 教授
北京大学考古文博学院

徐怡涛,男,1972年8月26日生,博士,北京大学考古文博学院教授,博士生导师,文物建筑教研室主任,国家文物局全国重点文物保护工程方案审核专家库专家,主要教学科研方向为中国建筑考古学、文化遗产保护。2006年当选北京大学第十一届十佳教师,2009、2018年获北京大学教学优秀奖,2016年获中国考古大会"考古资产保护金樽奖",2017年获北京市高等教育教学成果一等奖(第一完成人)。

讲座内容:中国古代建筑是中国古代历史的产物,以其独特的形式、结构和材料,承载着丰富的历史文化信息。北京大学考古文博学院二十年来致力于发展中国建筑的科学认知体系,通过科学解读中国建筑所蕴含的历史文化信息,使中国古代建筑成为可信的史料,融入更广阔的历史和社会研究之中。欲保护利用文化遗产,必先研究认识文化遗产,本讲座将以通俗直观的方法,普及中国建筑的基础常识,并为有兴趣深入研习中国古代建筑的同学指引方向。

主持人
姜萌 副教授(中国人民大学历史学院)

时间:
10月18日 14:00—16:30

地点:
人民大学明德书店(国学馆西北侧)

引言

我比较强调系统性教学，认为通过循序渐进的系统性学习和不断实践，学生才能真正掌握知识，对于中国建筑，不经过大量的课堂教学和田野实践，难以获得真知。这是我近20年教学所得到的认识。今天，我希望能把自己认识到的中国建筑上具有突出代表性和制度性的内涵表达出来。

我先介绍下今天的讲题："中国古代建筑中的序与道"。"序"，主要讲的是建筑中蕴含的一种"规律"，表现在空间、时间、等级、类型、形式或装饰等方面，你能见到中国建筑上的所有东西都有规律性，通过观察建筑的规律，可以进一步认知建筑中所蕴含的文化及时代特色，也就是所谓"道"。

冯友兰在《中国哲学之精神》中提到，中国哲学超越人伦日用，而又在人伦日用之中，中国的哲学富于暗示，而不是明晰得一览无遗，是一切中国艺术的理想，诗歌、绘画以及其他无不如此。冯先生虽然没直接提到建筑，但既然是"一切中国艺术"，当然也包括建筑。建筑是一种艺术形式，但首先属于"人伦日用"。建筑一定要满足一定的使用功能，服务于某种社会需要，这是我们任何时代的建筑都应具有的本质特点。没有社会功能的建筑，只为表达建筑师或业主的个人理想，这种建筑是极少的，因为建筑很昂贵。我学建筑学的时候，老师会说，他们上学时被反复教导的一句话"建筑师手中一根线，人民血汗千千万"，就是告诫建筑学的学生，不能随意设计，否则盖房子就浪费国家或社会的财富。建筑的营造和所处时代，以及社会上方方面面的人的关系非常密切，不是建造者自己所能完全决定的。所以，中国的建筑是中国的人伦日用所决定的。属于中国艺术门类又处于人伦日用之中的建筑，按冯友兰先生的说法，暗含着中国哲学的"道"。所以，中国哲学的一些思想，对建筑营造起到了关键作用，同时，人们通过建筑也可以反推、认识中国古代的一些哲学思想。

在《印度及东洋建筑史》中，19世纪末（1896）英国学者弗格森对中国建筑的观点是"中国无哲学、无文学、无艺术，建筑中无艺术之价值，只可视为一种工业。此种工业极低级而不合理……日本之建筑程度甚低，乃拾取低级不合理之中国建筑之糟粕者更不足论……"这样的观点，中国学者、日本学者都不承认，认为其说法很荒谬。但这段话有两点值得关注：第一，它把哲学和建筑联系起来，说中国没有哲学，所以中国建筑不行，但如果中国有哲学呢？第二，作者看到了日本建筑是继承自中国建筑。

20世纪初，一大批日本学者在中国进行文化遗产的田野调查、记录，包括古建和其他类型的文化遗产。曾系统研究日本法隆寺的著名学者伊东忠太，是研究中国建筑的先行者，做出了许多重要的学术贡献。伊东忠太由研究日本建筑起家，他认识到，研究日本建筑的渊源、历史脉络就必须研究中国建筑，例如，伊东忠太在研究法隆寺时发现，法隆寺在日本找不到渊源，找不到发展序列，似乎是突然冒出来的，于是他到中国找日本建筑的源流。伊东忠太出版了《中国建筑史》一书，他对中国建筑有一段评价，比前面提到的那位英国学者的评价好很多，他说："中国之建筑居东洋三大体系之一（中国、印度、回教），为汉民族所创，范围是中国本部，南及安南、交趾支那，北含蒙古、西含新疆、东含日本。"这一评价即使现在看也大体不错，第一，伊东忠太把中国建筑的体系提炼出来，在整个东方建筑中划分了三个类型，中国居其一，与世界其他体系不同；第二，中国建筑主体是由汉民族所创，他写得也比较明确；第三，给出了中国建筑文化圈的空间分布范围，这涉及中国的对外文化传播，接受中国古代文化影响的地区，必然同时也接受了中国建筑的影响。我们要注意，这位日本学者所处的时代，日本强于中国，他能对中国建筑做出如此评价，应该说是比较客观的，是不容易的。反观前述英国学者对中国文化和建筑的荒谬认识，显现了欧洲中心论思想所带来的文化偏见，让西方某些学者丧失了客观认知其他文明的能力；而伊东忠太跳出了时政的局限，避免当时日本人普遍存在的看不起中国的心态，从历史学求真的角度出发，得到了正确的观点，体现了学者应有的价值。

中国学者自己的认识呢？梁思成和林徽因是著名的中国建筑专家，他们有两段关于中国建筑的描述，可以代表当时中国学者的认识水平。梁思成和林徽因曾通过采访晚清参加过官式营造的老工匠，相当于做建筑学口述史的调查，并结合实物，总结和研究了清代官式建筑做法，出版了著名的《清式营造则例》一书，林徽因在该书的绪论中说，"建筑的美是不能脱离适当的，有机的，有作用的结构而独立的。中国建筑的美就是合于这原则；其轮廓的和谐，权衡的俊秀伟丽，大部分是有机的，有用的，结构所直接产生的结果"。

建筑的美应是有机的，这是现代主义建筑的观点，在梁、林留学美国的上世纪 30 年代，现代主义建筑是当时世界最先进的建筑思潮，全世界范围内都受其影响，中国也不例外。所以，我们现在能看到的建筑，绝大部分都是现代主义建筑。

现代主义建筑思潮是反西方古典主义建筑的，古典主义要很多装饰，比如女像柱、各种繁复的雕刻等。现代主义认为，雕像、装饰是附着于建筑之上的，不是建筑必需的一部分，为什么要靠外在的东西表达建筑的美，为什么不能靠建筑自身表达美呢？所以，现代建筑的理念，要靠建筑自身必需的要素，比如门、窗、墙、梁、柱等必要的元素，用它们的比例、尺度达到美的效果。

梁思成和林徽因在美国留学时，学建筑和艺术，受到这种观点的影响。他们在研究中国建筑时发现，中国建筑的美恰合现代主义建筑的美学原则，所以，林徽因认为中国传统建筑与当时世界上最先进的建筑思想一致，是了不起的成就。梁思成和林徽因这批学者，有非常强的家国情怀，可贵的是，他们坚守住了科学的态度，研究客观的存在，而不是仅做主观的抒发。五四运动以后，中国传统普遍被认为是不行的，是阻碍中国进步的，但他们通过科学研究发现，中国建筑是合于当时世界最先进理念的，那么，祖先的建筑，为什么不能在新时代继续发挥作用呢？因建筑材料和社会需求的改变，中国传统建筑或许不能再大规模建造，但其建筑文化、哲学、美学等方面，是可以和世界接轨的。正是基于这样的观念，林徽因认为中国建筑是一种"有机的美"，提炼出中国建筑美学的特点。

梁思成的评价更侧重于文化，他说："中国建筑乃一独立的建筑体系"，这和日本的伊东忠太的评价是相似的，所谓"独立"是什么造成的呢？昂"一贯以其独特纯粹之木构系统",就是木梁、木斗拱等木材作为承重体系,他认为这是独特而纯粹的,"随我民族足迹所至,树立文化表志……所以,中国建筑之个性乃即我民族之性格,即我艺术及思想特殊之一部,非但在其结构本身之材质方法而已"。梁思成研究《营造法式》,看起来似乎是关注材质、方法,比如各种造作制度等,但实际上他是想透过建筑见证民族的思想文化和民族性格。他认为中国建筑的空间分布可以见证中国文化思想的传播,即"随我民族足迹所至,树立文化表志",哪里有中国建筑,哪里就是我们民族足迹所至。

梁思成、林徽因虽然通过田野调查测绘了很多中国建筑,但在谈中国建筑的时候,要么倾向于美学,要么倾向于文化,显然,他们都希望把中国建筑提高一个层次来做评价。

19世纪末20世纪初,《弗莱彻建筑史》第四版中有个"建筑之树"的概念(图4-1),这个概念以一棵树的造型形容世界建筑的发展。建筑之树的根部,由地理、地志、天气、宗教、历史等6类要素构成,我们可以再进一步简化,其实就是自然和人文。也就是说,世界历史所有的建筑,都源自自身的自然和人文,自然和人文要素决定了建筑,因为各人类文明之间的自然和人文条件不一样,所以,建筑也不一样。建筑不同就出现不同的发展。建筑之树的主干由古希腊时期、古罗马时期、中世纪时期、文艺复兴时期直到现代主义的西方建筑风格所构成,称为"历史性风格";建筑之树的底部,画出了中国、西亚、南美洲建筑等分支,这些分支被称为"非历史性风格"。建筑之树体现了当时欧洲中心论主宰下的西方建筑史观,即欧洲自身是不断发展的主干,而其他文明的建筑是底层的分支,没有发展空间。20世纪60年代以后,欧洲中心论逐渐成为不被接受的观点,建筑之树也从《弗莱彻建筑史》中取消了。西方学者承认,中国文明等其他文明的建筑也是历史性的,有继承和发展。李约瑟在研究中国科学技术对世界文明发展的贡献后认为,人类文明的发展应比喻为河流的形态,各个分支最后汇聚成海。以前西方人用"树"来描述世界的建筑,是不恰当的。而用文化之河的概念呢？文化像河流一样汇集,河流的分汊,无论大小,最后都汇聚成海,都有贡献,树的意向则不一

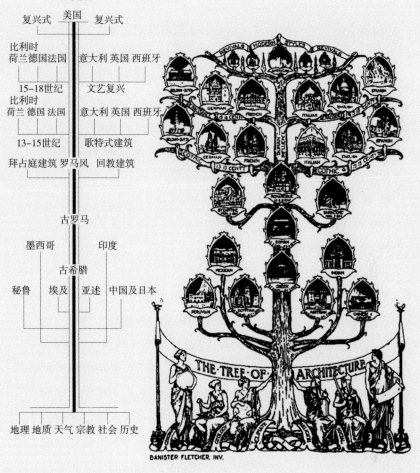

图4-1 建筑之树

样,主干可以生长,分支没有未来。

一百多年以来,东西方学者对于中国建筑在世界建筑中的定位以及中国建筑自身的特点和意义,有过若干陈述。以上简略介绍了他们对于建筑的一些看法,大家可简要了解一下。

冯友兰说"人伦日用"中含有中国哲学的"道"。中国古代建筑如何含有这个道的呢?就我个人的理解,是通过它的"序"来实现的。中国古代不仅是建筑,很多方面都是非常重视"序",例如在古代文集中,会特别重视开卷第一篇(压卷)的内容,宋人范温在《潜溪诗眼》中对

197

"压卷"的解释套用了建筑的做法，这是一个很有意思的现象，他认为《杜工部集》（杜甫的诗集），用《奉赠韦左丞丈二十二韵》这首诗做压卷最合适，如同建筑布局时的次序，"此诗前贤录为压卷，盖布置最得正体，如官府甲第，厅堂房室，各有定处，不可乱也。"这些"不可乱也"的序，就与中国的历史文化、哲学思想直接相关了。我们只要找到中国古代建筑中这种"不可乱也"的"序"，就能更深刻地理解中国的古代建筑，更直观地理解中国的文化和哲学思想。

中国古代建筑的时序

要了解中国古代建筑之序，首先要了解中国古代建筑的"时序"，即中国历史留在建筑上的时间痕迹所形成的规律。我们现在能看到的古建，都是历史上营造和传承下来的，比如某建筑是两百年前盖的，某建筑是一千年前盖的，在我们眼前看到的都是当下，是所有历程的共时性呈现，历史似乎被压缩在当前的一个点上，如果不能把时间序列提取出来展现建筑的历时性的话，历史建筑上所蕴含的其他序列也是无法被准确认识的，所以，我有个观点，要想认识中国古代建筑的思想、文化、哲学、艺术，首先要认识中国古代建筑的时序，也就是它的发展历程。营造学社通过研究发现了一系列中国古代建筑的时序特点，如从唐到清的前檐斗拱高与柱高的比例变化等（图4-2）。

在营造学社展示的前檐斗拱高与柱高的比例时序中，起点案例是唐大中十一年（857）五台山佛光寺东大殿，这是梁思成本人发现的唐代建筑。其斗拱的总高度，从栌斗下皮到撩檐槫下皮的距离，与明间檐柱柱高之比，略大于1∶2。序列最后是根据清官式建筑，斗拱高与檐柱高之比，将近1∶5。也就是说，从唐到清，中国建筑的斗拱和柱身的比例发生了很大的变化。当然，这不是精确的数字，但反映大体趋势是没有问题的。这个变化后面隐藏着怎样的原因，为什么建筑变了呢？时代的大趋势，不是建筑师个人爱好可以左右的，而是社会改变了建筑。如果我们不能把这种时序做出来，就不可能去探求建筑形制背后更

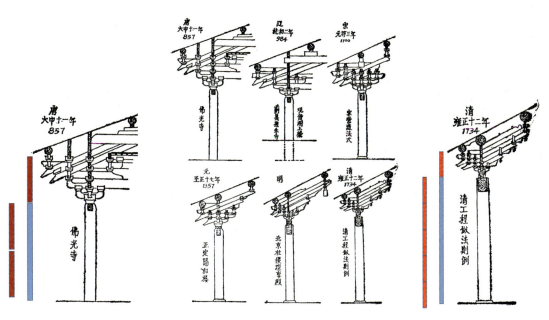

图 4-2 斗拱高与柱高之比

深刻的社会变化,这就是建筑具有的历史见证价值的体现。

因时代而产生的建筑变化,除斗拱和柱高之比外,在建筑的其他各处其实也非常明显。例如图 4-3 中,左为山西一处民间小庙的三开间殿堂(山西高平崇明寺中殿,北宋前期)。右为清式建筑风格的天安门城楼。这两处建筑等级悬殊,一个是偏僻山村的民间庙宇;一个是首都皇城的大门,国家的象征。如果时代相同,这种等级上的悬殊,会是什么景象呢?比如北宋的皇城大门和北宋村间庙宇相比,会有什么样的差异?但我们用时代相隔久远的建筑做比较就会发现,北宋民间建筑的斗拱,比清代皇家高等级建筑斗拱雄壮、宏敞得多,洋溢出更强的精神力量。在这个案例中,时代的差异颠覆了等级的差异,由此我们可以进一步去探讨,什么在改变,使得中国建筑在一千年来能有如此大的变化?以下我们举几个例子。

1. 角科斗拱演变,图中所示是唐代到清代建筑翼角之下的斗拱,我们叫转角铺作或角科,可以看到,它的形制、尺度、比例等都发生了显著变化(图 4-4)。

2. 建筑屋檐比例演变(图 4-5)。对比故宫太和殿和山西平顺天台庵大殿。天台庵比前述北宋崇明寺中殿的等级还低,但屋顶出檐非常大。天台庵长期被认为是晚唐建筑,近年修缮时发现了五代的营造

 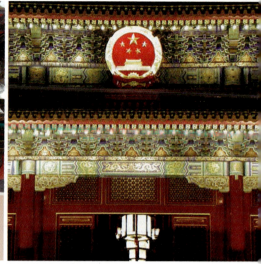

图 4-3　宋清建筑斗拱对比

题记,所以现在已修正为五代建筑。

如图所示,五代民间最低等级宗教建筑和清代最高等级的建筑,在立面造型给人的感觉上显然不一样。按理说,太和殿远远比天台庵大殿雄伟庄严,但如果我们把绝对尺度的因素去掉,只看比例关系就会发现,这处早期的低等级建筑的比例,反而给人更加有张力的感觉,与之相比,太和殿竟有局狭之感。

所以,我们做中国古代建筑分期研究时,往往会有伤心的感觉,因为你眼睁睁看到一种雄浑健硕的精神在中国古代建筑上逐渐消亡。正如顾炎武在《日知录》中所说:"予见天下州之为唐旧治者,其城郭必皆宽广,街道必皆正直;廨舍之为唐旧创者,其基址必皆宏敞。宋以下所置,时弥近者制弥陋。"

为什么会这样?可能中国人的审美在改变,不太喜欢很有张力、雄浑的感觉了,转而喜欢纤弱精巧、烦琐的感觉。当然,这不是说中国的建筑越来越不好了。中国的世界文化遗产,和建筑相关的至少占了80%,而这80%里大多数是明清建筑。所以,大家要理解,在整个发展时序中,明清建筑已经是中国古代建筑的一个尾声,不是最高峰,但它拿到世界上仍具有突出普遍的价值,足以成为世界文化遗产。在认识中国古代建筑的时序规律后,我们可以以明清建筑的辉煌为基点,去推想中国最高峰时的建筑成就。

图 4-4 角科斗拱演变示意
唐至明清中国传统木构建筑转角铺作(角科)演变示例

做考古、古建等物质文化史料研究时，都会面对研究对象不完整的问题，以残缺的史料得出结论肯定是有危险的。有人说，中国建筑不行，看欧洲中世纪的教堂多高，太和殿才多高，中国建筑的长处在思想和哲学，而不是建筑本身。这种观点是很有问题的。比如，目前全世界现存最高的古代木构建筑是山西应县木塔（图4-6），连塔刹也算上有60多米，不如一些西方的教堂高。但应县木塔只是一座五层木塔，而且也不在首都，即便有辽代皇家背景，但它显然不可能是中国古代最大的木构建筑。因为在中国的历史文献中，唐宋首都中的国家级寺院，会建九层的木塔，以五层的应县木塔权衡，九层的木塔都应是百米以上，而且皇家还有其他一些高等级的大型建筑，所以，通过历史文献结合建筑遗存，我们会得出中国古代建筑在高度上并不输给古代欧洲建筑的结论。这也可以从其他方面的史料加以佐证，例如，文献记载唐代长安城，有超过10万胡商长期定居，唐政府要赶他们，他们不肯离开而闹事。那些人是中西交通的商人，游走于东西方城市之间，他们大规模选择定居在长安，说明唐长安的城市建设应是当时世界上最好的，并不输给同时期的欧亚其他城市。所以，中国古代建筑，尤其是顶峰的唐宋时期的建筑，其优秀的特征是通过建筑

图4-5　五代清代建筑外观对比

图 4-6　应县木塔外观

本体天然地散发出来的，并非如某些观点所认为的，中国古代建筑本体不行，须靠建筑理论体现中国古代建筑的价值。

我去意大利考察，特别有感触的是，文艺复兴以前（相当于中国明代中期之前），意大利建筑的壁画水平不如中国。文艺复兴以后，意大利的建筑壁画有了非常巨大的飞跃，而中国的建筑壁画，在清代并没发展得比明代好，甚至还明显倒退了，经过 300 年的累积，就形成了今天的差距。和欧洲学者谈到"现代"这个词时，本能地感觉"现代"是从 19 世纪末期开始的。但欧洲的教授说，他们的"现代"是从 16 世纪开始的。对比中欧关于"现代"的时间概念就明白了，中国和欧洲恰恰是差欧洲文艺复兴以来的 300 年，这 300 年间，欧洲不停地发展，同期的中国主要是清代的近 300 年，中国没有发展反倒停滞了。

这种停滞在明清建筑形制的演变上也是可以看到的。以我曾做过的北京明清官式建筑角科斗拱分期研究为例（徐怡涛《明清北京官式建筑角科斗拱形制分期研究——兼论故宫午门及奉先殿角科斗拱形制年代》，《故宫博物院院刊》2013 年第 1 期）。为什么要讨论角科斗拱？

图 4-7　北京孔庙先师门角科斗拱

　　分期是为看清建筑形制的时序，时序是认识建筑之道的基础。怎么才能把时序做得尽可能准确详细呢？就像尺子，要提高尺子测量的精度，就要把尺子的刻度做得更细密。所以，要提高建筑形制断代的精度，就要找到那些变化最快的形制。什么变化快呢？复杂的形制变化快。在建筑各部分构件中，斗拱的形制最复杂，而角科斗拱又是斗拱里最复杂的一种。所以，角科斗拱的形制演变成为我们度量明清官式建筑时序的精度最高的尺子。

　　角科斗拱的复杂性表现在哪儿呢？我们看，角科斗拱上有很多形制术语（图 4-7），凡建筑形制能成为术语，说明它已成为一种制度，有产生、发展、演变和消亡的历程，所以可以做出时序来。单一的形制术语，还可以形成各种不同的组合关系。我们使用的术语体系来源于以营造学社为起点的中国建筑史学近百年的研究积淀，形成了宋官式、清官式和一些地方匠系的术语体系。

　　我们从角科斗拱中提炼出可以进行比较的形制和形制组合关系，这里附赠大家一个"小礼物"，北京明清官式建筑昂嘴的形制序列（图 4-8），可用于北京地区明清官式建筑上的断代，从明初直到北洋政府时

北京明清官式建筑昂嘴形制分型

北京都城隍庙大殿角科

图 4-8　明清官式建筑昂嘴的形制序列

期，在北京地区是非常有效的形制断代依据。特别是晚清到北洋政府时期的倒梯形昂嘴形制（图 4-9），很容易辨识，如果大家到北京大学参观，凡是看到斗拱上有这种倒梯形昂嘴的建筑，一定是燕京大学在上世纪所建，都在国保单位名录之内。而在北大校园内，还有一些看起来也挺像燕京大学时期的建筑，但如果你发现它斗拱上的昂嘴不是倒梯形而是弧形的（图 4-10），那么这很可能不是燕大时期的建筑。北大校园建筑上出现的不同昂嘴形制，有着什么样的故事呢？近代以来，随建筑史研究的发展，建筑师们普遍将代表清康雍乾时期的建筑形制视作清代的典型做法，成为后世仿清建筑的标准做法，这使近现代仿古建筑的形制做法，脱离了中国古代建筑形制的自然发展时序，时序被打乱，于是出现了北京大学校园内，更早的昂嘴形制反而用于更晚的建筑之上的颠倒现象。如果将这种现象放大，我们可以思考，我国在传统文化的传承

图 4-9　北京大学西门斗拱　　　　　图 4-10　北京大学赛克勒博物馆斗拱

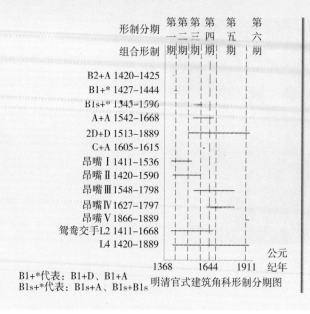

图4-11 北京明清官式建筑角斗拱形制分期图

上,是否也出现了此类"失序"的问题?

在建立角科斗拱的形制时序时,我在北京官式建筑的范畴内,选择了43座标尺建筑,提炼了15种建筑形制或形制组合,排列它们的关系,最后将明清分了6个期。虽然学了多年的中国建筑史,但在真正做这个分期研究之前,我对明清建筑还没有明显的细分认识,含混地认为明清500多年是差不多的。但当做出来角科斗拱形制的分期之后,我们发现,明清其实非常不同,差距还是比较大的,并可以由此提出一些历史问题。

我拿这个分期成果(图4-11),做了几处建筑的断代,如故宫午门、奉先殿等。午门是故宫的南门、正门,奉先殿是紫禁城内皇帝的家庙、内太庙。这两处建筑的年代,官方说法都是清代,因为在清代文献《国朝宫史》中,都非常明确地说这两处建筑重建于清顺治朝,如《国朝宫史》记载,午门顺治四年建,奉先殿前殿顺治十四年告成。但根据角科斗拱的分期衡量,所得年代结论与《国朝宫史》的记载并不吻合。午门的大殿和四个雁翅楼,角科斗拱从第一期到第四期都有,这是很奇怪的事情。如果是顺治朝建的,为什么会有这么乱的形制现象呢?又如奉先殿,奉先殿的前殿角科斗拱形制也是第三期。第三期是什么时候呢?是明武宗时期到神宗朝的前期,主要是嘉靖皇帝统治时期,第四期则是明末到清康熙这段时期。

根据角科斗栱分期成果,午门建筑群各处的分期情况如图所示(图4-12)。午门大殿为第三期,午门东侧雁翅楼为第四期,年代晚于西侧雁翅楼。这个分期结果显然和《国朝宫史》的记载不吻合。那么,有没有能够证明图中所示分期结论的历史文献呢?按《明实录》记载,"嘉靖十八年(1539)正月奉先殿成",相关文献还记载,奉先殿建成后,嘉靖皇帝要奖赏主持奉先殿营建工程的功臣郭文英、李良贵等。郭文英是嘉靖朝重要的工匠,他靠主持营建一系列重要皇家建筑工程,当上了工部侍郎,引起由科举入仕的士大夫的不满。所以,当嘉靖皇帝要给他升官时,工科给事中(相当于住建部纪检组组长)就给嘉靖皇帝上奏折,说"诸臣升赏太滥""又如郭文英、李良贵者,徒以匠作蒙被恩遇",他们只不过是工匠,因为盖房子,你就给他们升成高官,"不二三年致身卿佐"。嘉靖皇帝回复,"以工完加恩亦系常典",也就是说,工程结束了给有功的人升官,这是老规矩,"郭文英、李良贵实有劳绩",他们真的有功劳业绩,"准升赏"。由此可见,奉先殿工程在嘉靖皇帝心中非常重要。

说到郭文英,还有一段和他有关的史料,嘉靖二十四年,因为建造太庙的功劳,皇帝又要升赏郭文英,士大夫看不过去,再次上书弹劾他。嘉靖皇帝不高兴,说"名器不可不重,工役亦须得人……再

图4-12 午门建筑群各处角科斗拱形制分期示意图

午门顺治四年建?

第一期:
明永乐至明正统

第二期:
明正统到明正德

第三期:
明正德至明万历中期

第四期:
明万历中期至清康熙前期

论者罪之"。足见嘉靖皇帝对郭文英的器重和爱护。郭文英这位哲匠，是明清官式建筑分期研究中的一个副成果。在嘉靖朝，郭文英在皇帝的支持下，修建了奉先殿、太庙等主要建筑工程。在奉先殿的斗栱形制断代研究中，其角科斗栱的形制分期和文献记载形成了互证，由此我们可以断定，故宫奉先殿前殿不是清代建筑，而是明嘉靖十八年的建筑，负责营造的匠师为郭文英、李良贵。

嘉靖朝奉先殿工程和嘉靖朝的太庙工程是一体的。嘉靖皇帝改建太庙是明史中一个很重要的事情，因为他想把自己的父母封为帝后，放进太庙祭祀，而朝臣反对，因此君臣之间产生了很大的冲突，影响到了朝局。所以，奉先殿和太庙，是这次重大历史事件的产物、见证，如果把奉先殿当作清朝建筑，那么以上建筑与人物和历史的关联，就都不存在了，显然，建筑的价值肯定会因此而改变。

通过形制与文献的互证，我们认为，北京故宫奉先殿，始建于嘉靖朝，李自成焚烧故宫时可能遭到了一定程度的破坏，奉先殿后殿可能毁了，后殿的斗栱形制是明末清前期的形制，和《国朝宫史》所记载的康熙朝重建可以呼应。顺治朝应该是修理奉先殿前殿，康熙朝重建了奉先殿后殿，这是我们在奉先殿上所看到的，可以被文献验证的斗栱形制时序。

对于午门建于清代的记载，曾有学者表示过怀疑，王璞子在《午门建筑艺术》一文中提及，"曾在午阙东北角亭"发现"极类明代手法"的彩画。午门大殿符合第三期斗栱形制，我查文献发现，在《明实录》中，恰有明嘉靖朝重建午门的记载，"嘉靖三十六年，午门被焚；嘉靖三十六年八月午门重建，三十七年重建"的记载，这一记载和午门大殿角科斗栱的形制断代互证。

午门在斗栱形制的空间分布上有个特点，即午门大殿东侧的雁翅楼为第四期形制，晚于西侧。《明实录》记载，万历四十五年，"东朝房失火，户科等衙门朝房被灾，自午门延及公生门，尽为烧毁"。这意味着，明末午门东侧曾被毁而重建，第四期即为万历中后期到康熙前期，形制年代与文献记载亦可互证。

为什么之前午门和奉先殿这样重要的建筑的年代，都会被误判呢？我们认为，这是因为未充分重视建筑形制研究，又轻信某些史料所致，没有遵循文献记载与形制断代互证的研究范式，而这一范式，正是由梁思成、刘敦桢等先生，在营造学社时期所奠定的。我们的工作是通过融合多学科的研究理论与方法的创新，提升这种研究范式所能达到的断代精度，达成文献与形制更好的互证，从而发现更多的历史信息，发掘更大的历史价值。凡是违背这一范式，单纯依靠文献研究形制，其结论都有可能出现重大错误，故宫午门和奉先殿的明清断代之误，即是一例。

因此，我常跟学生们讲，研究古代建筑如果出错，不是错在文献研究，就是错在形制研究，或者两者都出错了。

以往有一种观点认为，从营造学社开始，中国古建筑研究了一百年，断代问题已经解决了。但通过前面介绍的案例，大家应该已经明白，事实并非如此。通过多年来的研究，我大略估计，国家公布的国保古建的朝代，错误率不小于30%。在这样的错误率下，若想靠已公布的古建筑年代做中国建筑的文化、学术、思想等方面的研究，是非常危险的，因为，你很可能把一个宋朝建筑当作金代建筑的样本进行研究，如果建筑的朝代是错的，那么后面的各种研究，还能正确吗？

个人认为，中国文化遗产事业目前最大的问题，第一是研究的问题，不够系统、不够深入、不够科学。第二是体制的问题。就加深研究来讲，认识建筑的时序是我们理解中国古代建筑价值的基础和起点，掌握精确的建筑时序以后，我们可以得到什么呢？

第一，可以进行更精确的断代，更科学地认识建筑历史，发现更多历史价值。

目前，我们正在与故宫合作，研究故宫明清建筑形制年表，我们将以斗拱等关键形制为突破口，对故宫现存建筑进行全面的精细断代。故宫的晋宏逵老师和我说，故宫博物院建院九十年了，早应该明确现存古建筑的年代，哪些是明代的，哪些是清代的，只有在准确和精细断代的基础上，才能做出有深度的故宫建筑史。

第二，由物见人，由物见史，由物见道。

从物质的变化看历史的变化，精神的变化，从而使中国古代建筑的研究纳入历史研究之中,其实中国古代建筑研究,九十多年来,始终有个特别大的学科基础问题。我的本硕阶段就读于建筑系的建筑学和建筑史专业,当我从建筑系到考古系学习时,感受到很大的反差。我发现,考古学的研究成果,很多被历史学和其他学科研究所引用、借鉴,但大家可以去看,有没有哪个人文学科广泛引用、借鉴建筑史研究的成果呢?几乎没有。到北大后,我在思考,这么多年来,这么多学者研究中国建筑,发表的论文、出版的著作也非常多了,但为什么没能像考古学一样,研究成果被其他学科用作研究基础去使用呢?后来我自己有个认识,就是因为以往建筑史研究所得出的建筑史料的时间序列,过于粗率,不够精确。例如,历史学研究对时间精度的要求较高,但建筑史经常把明清几百年间的建筑简单归类为"明清建筑",这样的时间精度对明史或清史研究几乎起不到作用。断代精度提高以后,建筑所蕴含的价值可能就会被发现,建筑与历史的见证、共存关系,就可以得到揭示。例如,我对北京明清官式建筑角科斗拱的分期研究,揭示出明清建筑在形制演变上的本质差异,明代北京官式建筑,随着历史演进,在角科斗拱形制上有很多种形制变化,可谓继承宋元,又有所创新演变。但到了清代,从清康熙二十年左右一直到清亡,200多年间几乎没有变化,整个角科斗拱上最明显的变化,只是昂嘴在晚期变为"倒梯形",这是令人感到奇怪且可回味的现象。从角科斗拱上我们看到,明代是在继承前代的基础上有所发展的,而清代是剪裁明制罕有创新。这种明清在形制继承与创新上的巨大区别,如果没有把形制分期详细地做出来,只用以前笼统的"明清"去描述,显然是不可能得到新认知的。

以前有的建筑史研究者,可能因为主要研究清代建筑,特别推崇清代建筑,认为清代建筑是中国古代建筑的高峰。但当我们通过斗拱形制做出分期后,人们就可以发现以下的一系列问题:如果清朝真的这么好,为什么清代北京的官式建筑形制几乎凝固了呢?而这种200多年间缺乏创新的令人窒息的凝滞,是否和清朝其他方面的状态具有相似性呢?清朝这种发展凝滞的特征,是否是中国近代以来落后于世界的重要原因呢?

在建筑上发现这样的历史现象，提出这样的历史问题，我觉得，就可以与其他学科的研究相呼应了，精确的时序，使建筑承载的历史价值得以彰显。

所以，我们现在意识到，有很多可以见微知著的历史问题，可能就物化在明清建筑之上，在北京，在我们日常的身边，而我们认识不到。怎么才能认识呢？首先，就是要把建筑史料的时序做出来。虽然面对一些人的不理解，虽然始终没有获得多大的支持，但我因为比较能坚持，能忍耐，在北大将近20年的时间里，一点点地从学理创新、教学实践、研究实践到成果验证，完整地都走了一遍，实现了文物建筑专业教学体系和建筑考古学研究范式的创新。

中国古代建筑的秩序

中国古代建筑中蕴含着各种"序"，时序之外，这里举一个与等级相关的概念——秩序。中国古代建筑的屋顶等级序列，大家可能比较熟悉，比如五种基本的屋顶类型，等级由高到低依次是：庑殿、歇山、攒尖、悬山、硬山，另外还可以叠加上重檐、单檐的区分。重檐庑殿和重檐歇山在宫殿的重要殿堂、大型庙宇的主殿、孔庙大成殿等处比较多见。中国古代建筑群中会使用多种不同形式的屋顶，但不同类型的屋顶在建筑群中的位置，是不能随便排列的，会有比较明确的布局规律可循，这种规律就是中国古代建筑中"秩序"的体现。

以故宫为例，如果我们站在景山上看紫禁城，对比中路和东、西两路建筑的屋顶形式，会发现有什么区别呢？很明显，就是单檐和重檐的区别，东、西两路多用单檐歇山顶的建筑，而中路有大量的重檐庑殿、重檐歇山顶建筑。这是因为，中路象征着最高权力，所谓"天子择中而居"，所以中路建筑的屋顶等级必须是最高的，而东、西两路的建筑，要以低于中路的规制来衬托出中路的雄伟庄严。例如，我正在帮助河北省考古所做的金代离宫太子城的建筑考古复原研究，就碰到类似问题，考古队发现了三组东西并列的后宫基址，三座后宫寝殿的平面形制很相似，位于中轴线上的寝殿平面尺度稍大，旁边的尺度小一些。在推测后宫各寝殿的高度时，我认为，位于中轴线上的寝殿应高于旁边的寝殿，中轴寝殿可能是重檐楼阁，边路寝殿可能是单檐殿堂。之所以这样推测，依据的就是中国古代建筑体量分布的秩序，这种突出中路、边路为辅的建筑体量布局特点，在北京故宫中清晰可见（图4-13）。设想，如果调换故宫中路和边路的建筑体量，边路重檐，中路单檐，虽然建筑的单体看起来依然是中国建筑，但其布局方式却违背了中国建筑的秩序，违背了秩序背后的中国文化，所以是不可能出现在中国历史之中的。

具体到三大殿——太和殿、中和殿、保和殿，是中央帝国权力核心的象征。但可以发现，这三座殿的屋顶形制全不相同，一个重檐庑殿顶，一个重檐歇山顶，一个攒尖顶，中国建筑中，重檐的等级高于单檐，中国古代建筑的精妙之处在于，在完美地展现建筑秩序的同时，创造了建筑之美。中国传统文化所崇尚的"和而不同"，能完美地阐释中国古代建筑的意向。在中国古代建筑群中，如果细心观察，会发现很多不同，但这些不同，并没有导致冲突，反而营造出和谐的氛围。无疑，中国古代建筑的"和而不同"体现了中国的思想与文化，如果我们发现中国古代建筑营造"和而不同"的方式，也就是找到了中国建筑与中国文化的关联。

太和殿和乾清宫，分别是前朝和后寝的正殿，用了相同的最高等级的重檐庑殿屋顶形式（图4-14），但两者之间有没有区别呢？我们可以看到：两者台基的层数不同，太和殿是三层台基，乾清宫是一层；又比如，开间数不同，太和殿是十一开间，乾清宫是九开间。这些是比较明显的不同，另外，在一些细节上还有很多不同，比如彩画、脊兽等（图4-15、图4-16）。以上这些不同，处处代表了等级的差异，恰如冯友兰所说的"一种含蓄的暗示"，这种暗示，你可能会注意不到，比如去参观故宫的人，有多少会仔细数它的走兽呢？如果在故宫里把建筑的开间、屋顶、走兽、琉璃瓦、彩画等方面的信息进行全面采集和综合分析，应该可以写出一篇论文来，因为这其中蕴含

图 4-13 故宫整体

图 4-14-1 太和殿

图 4-14-2 乾清宫

图 4-15　乾清宫翼角　　　　　　　　　图 4-16　太和殿翼角

着故宫建筑表达等级秩序的规律。虽然一般人可能不会具体关注到建筑间的差异，但这种差异通过潜移默化的方式会影响到人们对建筑的感觉。

再比如，午门和神武门（图 4-17），这两个门分别是什么地位呢？一个是故宫的南门、正门，一个是北门、后门，明显的区别，都是宫城的大门，它们有什么区别，又有何相似性呢？如开间数不一样是一大明显区别。神武门是五开间带周围廊，午门是九开间，所以，午门的体量更大，显然比神武门气派多了。为什么午门要更气派呢？因为午门是前门，是正门，中国文化注重面子，脸面要好看，后背可以简单一点。以前有人说拿故宫的建筑做服装设计元素，就把故宫的"屋顶"顶在头上，这是一种比较简单的借鉴，其实可以含蓄地借鉴，比如，衣服的正面做得很漂亮，后面做得简单些，前面用特好的料子，后面用一般的料子。

这种"前后有别"，不仅在故宫建筑上有所表现，在其他很多建筑上，包括民间建筑，都有类似情况。通过实例归纳，我们发现，中国古代建筑在方向上的秩序特点是，从整体到单体，都在突出正面，突出中心，突出的方式多种多样，如区别开间尺寸、斗拱形式、装饰特点、柱础样式，等等。我们去田野调查时，可以体会到民间的智慧，想了很多有趣的办法来突出"正面和中间"，现在讲要有核心意识，中国古代建筑就很有核心意识。

中国古代建筑以群体布局见长，群体中的各个单体，通过秩序形成和谐的关系。例如，建筑群中各个单体建筑的开间尺寸，以主体建筑的明间为最大，形成对全局的统帅。我们在山西万荣稷王庙北宋建筑的格局研究中发现，主体建筑的明间尺寸，同时也是这个建筑群的平面控制模数。由此可见，中国古人是如何把文化暗喻投射到建筑之上的。再举《营造法式》材份制度规定材分八等的例子。《营造法式》中规定："凡构屋之制，皆以材为祖，材有八等，度屋之大小因而用之。"在这个规定中，材等和建筑的大小直接相关，而建筑的大小除了和功能相关外，很大程度上和等级相关。唐代《营缮令》中也有建筑尺度与等级相关的规定。

刚才说"和而不同"，这个"和而不同"是怎么造成的呢？用材是建筑尺度的基础，《营造法式》以单材拱的截面定义材等，按尺寸分为八等材，八等材虽有绝对尺寸的区别，但各等材的高宽比例一样，都是3：2。这种同比而异数的用材方式，使中国古代建筑在无数尺寸差异中得以达成"和而不同"的效果。

中国古代建筑形制分布的空间之序

我在一篇论文《宋金时期"下卷昂"的形制演变与时空流布研究》（《文物》2017年第2期）中，通过大量实例研究，把宋金时期昂头的形式归纳为三种：下斜型、下平型、下卷型（图4-18）。下斜型是《营造法式》所记载的主流形制，全国各地都可以见到。下卷型昂头的形制特点是，昂头的下皮向上卷起，这种做法不见于《营造法式》，在现存实例中也较为罕见，传播的空间范围有限，是一种非主流形制。我把现存有纪年的下卷昂案例标到地图上，分析其空间分布特点。我发现，下卷昂的空间分布有一个很有意思的现象，就是现存案例基本是沿着从西安地区辐射四周的交通线分布（图4-19）。这样的空间分布序列是怎样形成的呢？请注意这些不同交通线上的下卷昂遗存点之间，因山岭阻隔基本不能构成直接的传播关系，所以，图中的建筑形制空间分布只能是由西安地区的建筑形制辐射传播而形成

午门城楼

神武门城楼

图4-17 午门城楼和神武门城楼

的。在写这篇文章的时候,我们还没发现西安地区存在下卷昂的形制,但根据建筑形制的空间分布研究所发现的特点,我们可以确定下卷昂的起源地区,那么,这种形制起源于何时呢?

目前已知最早的下卷昂实例见于北宋前期,但如果这个形制最早是北宋创造的,那么北宋的首都在开封,西安地区是否还有这样的影响力能够四周传播呢?根据文化因素传播的势位规律,文化因素总是从文化势位高处向低处传播,所以,下卷昂的出现时间应该是西安地区对周边尚有较大影响力的时期,这只能符合唐代的历史情况。而如果是盛唐的形制,那么形制的传播范围会更宽广,从目前传播的情况看,下卷昂的分布地区有较大局限性,符合中央影响力下降时期的特点,所以我们分析,它应该是中唐以后的、从当时唐代首都长安地区传出去的一种非主流建筑形制。得出结论后,我们需要静待新发现的验证。

| 下斜型 | 下平型 | 下卷型 |

图 4-18　昂头分型

其实，新发现的线索之后就出现了。2016 年，我有位硕士研究生，是西安人，他学位论文写陕西地区的砖塔研究。他从家出发开展毕业论文的田野踏查。第一天就激动地给我发信息说：徐老师，在西安地区找到下卷昂了！西安南郊约 20 公里处的一座唐塔上有下卷昂形制。我看了材料，塔有比较严重的后代扰动迹象，所以还不着急下结论，可以再做分析。但这也能说明一个问题，就是我们经常和学生们谈到的：当一项价值未被认识时，它在你的眼前你也会视而不见。这位同学就是西安人，又在北大学了多年文物建筑知识，西安近郊的这座唐塔或许以前是见过的，但因为不认识下卷昂的价值，所以看不到，但当了解后，下卷昂的价值就看到了。这不是他个人的问题，而是人的认知规律。例如，2017 年，我在虎丘一处清代亭子的后檐，发现了石刻的下卷昂，后檐的斗拱形制和材料等，和亭子的其他三面都明显不一样，虎丘是个重要的文物建筑参观点，我曾多次带学生来踏查，也只有做了下卷昂的研究后，才能看到原来虎丘里竟然也有下卷昂，所以，非常有意思，这就是所谓的"视而不见"。放大一些说，建筑在空间上的序列所蕴含的历史信息和历史价值，如果不进行深入的研究，社会也会视而不见，那么，保护和利用，又从何谈起呢？

总而言之，我们认为，古建筑价值研究应是多维度的，但有一个最基础的研究维度绝不能缺，就是运用建筑考古形制类型学的方法解析建筑形制的时序。如果这个维度的研究不扎实，其他方面的研究就很容易出问题。比如，运用碳十四测年技术研究古代建筑。应县木塔多年前曾取过 70 多个采样，但直到现在研究报告也没出来，听说是因为采样得到的年代结论太宽泛了，难以聚焦。我用碳十四技术测年时，也会碰到这个现象。我的解决方法是，做碳十四测年之前，应已

图 4-19　下卷昂纪年案例空间流布秩序分析图

有建筑考古形制类型学的研究结论,基于结论,选择不同分期阶段的构件进行采样,如原构和后代修缮更改或添加,都应分别采样,采样时还要兼顾构件的尺度,大、中、小构件也要兼顾。在得到碳十四测年结果后,将碳十四的时序与形制类型学研究所得时序进行互证,从而提高形制研究的可靠性,同时,可发现和论证更多问题,例如,结合形制和碳十四所得两套时序,我们可以判断出,同一形制的构件使用旧料的情况,即那些具有相同形制的同类构件,当碳十四测年出现特别大代差时,往往是营造中使用旧料的证明(相关研究可具体参见:徐怡涛《论碳十四测年技术测定中国古代建筑建造年代的基本方法——以山西万荣稷王庙大殿年代研究为例》,《文物》2014 年第 9 期;徐新云、徐怡涛《试论建筑形制考古类型学研究成果对碳十四测年数据分析的关键性作用——以山西万荣稷王庙大殿为例》,《故宫博物院院刊》2016 年第 3 期)。

如果在单体建筑基础上进行扩展,那么一个地区、一个时代在建筑营造中使用旧料的情况也可以被研究出来,从而提出新的历史问题。如,建筑中旧料的使用率变化,反映了什么样的经济问题?是否和建筑的等级有关?

如果没有建筑考古类型学的形制时序研究,碳十四技术测出的时序就面临任意解说的窘境,有人喜欢"发现早期建筑",就把碳十四测得最早的年代作为建筑的始建年代,而把测出来的较晚年代作为修缮年代，这样的解释看起来符合逻辑，还迎合了社会上渴望"重要发现"的心理，但事实上却歪曲了历史真实，造成谬种流传。

除碳十四外，我再介绍一个北大考古文博学院在建筑考古形制类型学时序基础上所做的多维度研究——对建筑构件木料树种使用规律的研究。曾是我们专业的学生，现在已是我们专业年轻老师的彭明浩，硕士论文是《山西南部早期建筑大木作选材研究》，专门研究建筑木构件的树种问题。其实这方面的研究早有人做过，例如故宫博物院就研究过故宫内建筑的树种情况，但以前的研究，缺乏建筑形制时序研究基础，所以只能研究出建筑上使用了哪些树种，以及各种树种的占比，但由于建筑构件存在历史层叠性，如果不首先从形制上判断出构件的早晚，不剥离出原构构件，那么树种研究所得到的占比就不能还原到历史当中，只是一个历史过程的结果，而不能得到历史的规律，从而降低了历史研究的价值。

在万荣稷王庙建筑考古研究中，由于我们完成了建筑形制的时序研究，所以，彭明浩做了174个取样，是在明确了原构或后期构件的基础上做的，可以分别出原构构件和扰动构件所用树种的情况，从而找到建筑选材的原真分布状态，从这个分布状态可以发现山西北宋建筑的用料选材规律（图4-20）。比如在斗栱部分，栌斗和出跳的交互斗、令栱上的散斗等，使用如榆木、槐木等较硬的木料制作。梁柱和斗栱上的栱类构件基本是使用松木制作。显然，北宋斗栱上使用不同硬度的木料进行组合拼搭，绝非巧合，而是一种匠心营造。类似的现象，彭明浩在晋祠圣母殿也发现了类似做法。而后代修缮，包括现代的修缮（近些年国内一些地区在修缮古建时，常用俄罗斯产松木制作所有斗栱构件），往往忽略了北宋这种软硬搭配的用料方法，后代替换的木料往往会打破以前的用料秩序，如果没有这类形制序列与材料序列的多维度研究，这一中国古人的匠心，很可能就随着越来越多的修缮而湮没于历史。

当我们认识到建筑上木料树种使用的时空差别后，如山西北宋建筑主材以松木为主，而山西金代建筑主材以杨木等土生树种为主，这样的时代区别，是怎么造成的，经我们发现后，就可以传递给历史学、历史地理、经济史等学科研究。

图 4-20 山西北宋建筑的用料选材规律

　　经过材料研究可以找到这样的序列，但目前的古建筑修缮却未保存这一重要信息。要跟大家讲的是，维修古建的本意是保存和弘扬古建中所蕴含的历史、艺术、科学、社会和文化等价值，但当历史研究不到位时，古建所承载的历史信息却往往在修缮中被抹杀了。那么，国家投入巨资维修古建筑，所得到的效果就与目标背道而驰了，这种南辕北辙的事，一直在发生着，根源主要在两点：一是对文物建筑的研究不深，科学认识不足；二是文物建筑修缮的体制不能适应保护工作的需要。但归根结底，还是研究不足所导致的，研究到位了，意识就会进步，体制就会完善。研究是学者做事，而政府和社会提供支持，所以，研究的提升离不开学者、政府和社会的共同努力。

　　这是我们2011年本科生在万荣稷王庙实习的合影（图4-21），大家看起来比较高兴，为什么呢？因为这次测绘我们在万荣稷王庙大殿发现了北宋天圣年间的题记，北大对这处建筑的研究工作始于2007年，当时我带北大文物建筑本科田野实习踏查这里，踏查中，我认为是个北宋建筑，而非国保材料公布的金代。于是，我们开始对它进行长期的研究，2009年，我们通过建筑形制研究，得出了此处建筑建于北宋中前期的结论。后来国家文物局在2009年年底招标古建筑精细测绘科研项目，我们以这处建筑为研究对象申请国家文物局资助，中标。2011年，我带学生去做测绘，当时万荣稷王庙在进行修缮，我们在修缮之前、之中和之后，分别做过了三次不同深度的测绘，2011年的测绘是在修缮基本完成后的测绘，这次测绘，我们在一个构件上发现了北宋天圣元年（1023）题记，与2009年建筑形制研究所得的北宋中前期的结论完美匹配，后来，这个题记和碳十四以及用材、尺度、格局等方面的研究都可以形成互证。由此，我所率领的北大研究团队，通过以建筑考古形制时序研究为基础，叠加其他研究的"1+n"的多维研究模式，确证了万荣稷王庙大殿是一处北宋的庑殿顶建筑，是我们已知唯一的北宋庑殿顶木构建筑遗存。这座建筑年代的改变，其意义不仅仅在发现一个北宋木构建筑本身，而且会对整个建筑史的研究产生深远影响，这方面的详细介绍，可详见我发表的论文《试论作为建筑遗产保护学术根基的建筑考古学》（《建筑遗产》2018年第2期）。

在国家文物局精细测绘的阶段成果汇报交流会上，我们介绍了北大在万荣稷王庙研究上的进展和收获，会后，清华一位教授跟我说，他对北大在万荣稷王庙上取得的成果，感觉到有些不可思议。他认为，如果在营造学社的时代，获得这样的发现不难，但已经经过三次全国文物普查了，相当于地都被犁多次了，还能有这样的发现，非常不容易。

不过这样的发现在我看来并不奇怪，因为我们做建筑形制时序的研究，断代精度可以做到几十年内，我对几十处宋金建筑的断代做过研究，其中有几处的断代结论被新发现的题记验证，大约是5%的概率，所以这并非不可思议的事。在我看来，这是很正常的事，至于哪座建筑何时被以何种方式验证，则是偶然的，但偶然又得自于必然。例如，万荣稷王庙大殿的题记是我们坚持多次测绘后发现的，长子韩坊尧王庙大殿的题记则是我们在对此建筑完成断代和测绘后，依旧坚持踏查，一次在被弃置一旁的修缮更换构件上发现金代明昌五年（1194）题记，印证了我们几年前在为长子县编制申报第七批国保单位材料时对该建筑的断代——金代中后期。

虽然我们具有国内断代最精确的建筑形制时序研究水平，也获得了一大批成果，但我经常跟学生们讲，你们好好学习如何断代，但不要和任何人争论，自2003年开始在北大任教以来，我没有公开和任

图 4-21　北大文物建筑专业 2011 年万荣稷王庙测绘合影

何人商榷过建筑年代问题。实际上，建筑年代的分歧很多，例如，万荣稷王庙大殿的年代，有人写文章说是金代的，有人说是唐代的；又如山西长子布村玉皇庙中殿，争论就更多了，我断为北宋后期，有人断为五代，还有人断为唐代。我始终遵循宿白先生的教导，正面表述自己的观点，不和别人争。我应该是特别听话的学生，始终贯彻了导师的指导，我现在跟我的学生也讲，不要跟人家吵，不要发表文章和人商榷。我们把有效的、可以被历史验证的研究方法和成果呈现出来，想学习的人，自然可以从中学到真知，而其他人的观点，应该留给历史去判断，我何必越俎代庖。

关于万荣稷王庙大殿北宋题记的发现，还有个有意思的故事。2011 年 5 月 14 日，当我们刚发现题记时，题记的墨书非常浅淡，但我们看出了"年"字，所以认为这应该是纪年，非常重要，我拿矿泉水把一个脏兮兮的白粗线手套打湿后擦抹，题记就变得明显了，可以看出"天圣"二字。后来我听说，关于这次发现，当地流传一个说法，说之所以在落架施工时都没发现这个题记，而让北大发现了，是因为北大有高科技的设备，说徐老师带了一种高科技药水，往上一泼，题记就显现出来了。看来，我们的工作已经成了传奇，还很有画面感。但即使我有这种高科技药水，建筑那么大，构件那么多，我又该往哪儿泼呢？实际上，之所以能发现这个不易发现的题记，源于我们常年坚持的田野踏查实习对学生的训练，其中就有如何在文物建筑现场尽可能寻找题记的专门训练，我们那些经过上百次踏查训练的学生，具备敏锐的史料发现能力，而我们在测绘实习中，不依赖三维扫描仪等现代测绘设备，强调手工测绘和先进设备的有机结合，人不能脱离与文物的密切接触。这是基于史料观的记录方法，使具有敏锐史料发现能力的人与文物接触，才能有这类发现，这不是拼运气，归根结底是拼方法。

  做物质文化遗产研究和保护的人，如果你的工作能发现遗产真实的价值，能保存真实的价值，能够弘扬、宣传真实的价值，那么你人生的价值就会被叠加到文化遗产之中。为什么梁思成现在越来越出名呢？就是这个道理。文化遗产学者自身的价值会随着文化遗产价值的提升而提升，前提是你把工作注入其中，梁思成发现了佛光寺，以后佛光寺的一切价值呈现都不可能忽略梁思成。所以，我们认为从事这个工作挺好的，国家在修缮保护文物，实际也在延续从业者的生命价值。你的研究，使文化遗产得到了保存，得到了利用，遗产的价值得到了延续，也就等于你的生命得到了延续。这是在我的研究中获得的体会。

  最后，我为今天的演讲做个总结，中国古代建筑蕴含着中国的思想文化，见证着中国的历史文明，中国古代建筑以其序承载着中国的道。当你面对建筑的时候，能够让你动了情感，为它欣喜或为它哀伤，说明你已经能看懂中国建筑了，可以感受到它的气息；如果你看建筑时茫然平淡，只是视作一个客观存在，说明你还不能看懂建筑，还不掌握建筑的序。

  哲学能使我们思考，历史能令我们动容，而中国建筑也可以做到，它就在我们身边，时刻不曾缺席，当国人多一些发现它们价值的眼睛，中国的历史，或许更能令人感动。

第五讲

石中乾坤
——中国中古时代的石刻形制

中国人民大学通识教育大讲堂
中国物质文化常识系列 —— 第五讲

主讲人：夏炎 教授
南开大学历史学院

夏炎，南开大学历史学院教授、博士生导师、中国社会史研究中心专职研究员，中国魏晋南北朝史学会理事，中国灾害防御协会灾害史专业委员会理事，天津市历史学学会监事长，日本学习院大学、爱知大学客员研究员，主要研究方向为魏晋南北朝隋唐社会史、环境史、制度史。

中国碑刻

讲座简介：古人相信"金石永年"，所以他们把文字刻在石头上，期待其传之后世。这种刻有文字的石头就是碑刻。广义的碑刻可以包括碑碣、墓志、经幢、摩崖等形式，一件碑刻就是一个故事。中国的中古时代，也就是魏晋南北朝隋唐时代，是中国碑刻发展的重要阶段，诸多形制在这一时期开始定型并发展成熟。本讲座将带领大家走进中古碑刻的世界，不仅详细介绍这一时期碑刻的不同类型和形制特征，同时也会分享野外访碑的乐趣，近距离接触碑刻的"历史现场"。

主持人
姜萌 副教授（中国人民大学历史学院）

10月24日 14:00–16:30
1205（公教一楼多媒体教室）

主办单位：中国人民大学 教务处　中国人民大学 历史学院

引言

今天讲座的主题是"中国碑刻"。照理说这个讲座不应该由我来讲,这个题目似乎是考古学家或书法家的专利。当然也包括收藏家——现在碑帖或拓本已经是收藏的热门品种。那么,为什么让我一个研究历史的人来给大家讲关于碑刻的话题呢?因为,碑刻资料从来都是历史研究史料的重要来源,而在当下,碑刻资料在历史学研究中的重要性也在日益凸显。所以,这次讲座展示的是一个历史研究者眼中的碑刻之旅,希望大家跟随我的步伐,回到历史现场,去感受那些具有生命力的石头带给我们的惊喜和收获吧!

大家去旅游时经常会见到许多石刻,因为它们是石头,石头最容易保存并流传到现在。所以,当你去到某些热门景点,诸如寺院、道观、名山大川,都会发现一个乌龟驮着一个碑,小朋友还会在上面玩耍,骑在上面照个相,所以那个乌龟往往是非常亮的,光滑、乌黑,因为所有人在上面蹭,导游还会讲,你快摸摸它,会长寿的。实际上,碑刻还有另一个用途,就是当一个人去世之后,也会用上这个东西。这个话题说起来比较悲哀,其实每个人都会经历生老病死。墓地里的碑就是墓碑,这些碑刻对咱们并不陌生。当然,现代人的墓碑,从形制、书法到整体的艺术性都与古代不可同日而语。所以,今天就带大家回到中国的中古时代,去看看中国碑刻的辉煌。中古时代指的是魏晋南北朝隋唐,也就是3—9世纪这段时期。在这段时期内,中国的碑刻发展达到了顶峰,前后时代都达不到。为什么是顶峰?因为前面比较原始,没有达到,而后面的永远超不过前面。所以,当你去看过北朝隋唐的碑刻之后,再去看明清的碑刻,会有很大的反差,这个反差需要你自己去体会。

我们先从故宫的石鼓谈起。大家去故宫都是去看明清的东西,但故宫里不仅仅有明清的东西,还有以前的宝贝。前几年,这些石鼓从皇极殿搬到了宁寿宫。在央视的《国家宝藏》节目里也出现了石鼓,为什么要先从它讲起?因为它身上有文字,而且是目前已知最早的刻在石头上成文的文字(图5-1)。

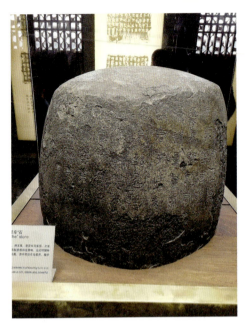

图 5-1　石鼓"吾车"石摄于北京故宫博物院宁寿宫

石鼓的断代存在争议，一般认为是秦始皇统一之前秦国时代的产物。它被发现在陕西宝鸡，出土时间很有意思，是在唐代，它是唐代的考古发现，一讲考古总感觉是现代的考古学的实践，其实从古代就有考古，只是没有科学性的指导，就是出土而已。公元 627 年，在陕西凤翔府陈仓山，也就是今天的宝鸡市石鼓山，一个农民发现了这 10 个石鼓，当时的书法家开始注意到上面的文字，比如褚遂良、欧阳询都发现这些文字很重要。

到了唐宪宗元和年间，韩愈发现这个东西很重要，一定要保存起来。但韩愈当时官不大，他的保护建议并没有得到中央的重视。当然，石鼓后来被保存到陕西凤翔文庙里。唐代的石鼓被保存起来了，但丢了一个，只保存了 9 个。那一个很惨，被做成一个磨刀石，还做了一个舂米的工具，挖了一个大窟窿，所以文字少了一半，像个盆。其他的还是原样，但由于时间太久，石头表面的皮逐渐脱落，文字自然也就掉了。

唐亡以后，经过五代的纷扰，到北宋，这个石鼓又被找出来了，司马光的父亲司马池，知道这 9 个石鼓被找到了，就想把第十个配上，想了一个主意，用原来的拓本伪造了第10个石鼓，但最后被发现了，并被治罪。所以，伪造在当时还是不太容易。

到金人南下，石鼓又丢了。当然，这期间还有一个有意思的故事，就是宋徽宗喜欢石鼓文字，他就用金子把石鼓上的文字都填上，每个文字都镶了真金。也正是因为这个举动，石鼓最后落到金人手里后，并没有被破坏。因为金人看中金子，把金子都剔下来，而石鼓则被运到燕京去了。

到了元代，石鼓被再次发现，就一直被保存在现在北京的文庙。元明清都没动过，到了民国又开始大搬家。日军大举侵华之后，石鼓开始转移。先搬到上海，再搬到南京，又经由徐州到陕西，经宝鸡，到汉中，再入四川。抗战结束后，石鼓又艰难地回到了北京故宫。解放战争即将结束，国民党大势已去之时，国民党当局还是想把它运到台湾，但是太沉，飞机不能起飞，最后无奈留下这10个石鼓，一直保存在我们的故宫博物院。

讲那么复杂的故事是为什么？就是为了告诉大家，从古至今，从唐代到现代，1400年间，有多少人为了这些石头付出了艰辛和努力，他们多么热爱这10块石头啊！这就是石刻的魅力，多少人都在做这个工作，其实他们看重的并不是这些大石头块，而是这些石头上的文字。

石鼓上的文字介于大篆与小篆之间，我们称之为籀文，印证了中国文字发展史上一个重要的转折。这些文字与《诗经》中的诗歌类似，主要写的是打猎以及和自然环境有关的故事，所以特别适合用作环境史研究史料，大家有时间可以解读一下这些文字。

讲完了石鼓，我们再讲讲两本书。大家对赵明诚熟悉吗？他的夫人是谁？对，李清照。他们也和我们所讲的碑刻有关。

金石是两类东西，金是青铜器，石是石刻，金石学就是研究上面文字的学问，当然，我们今天不讲金，只讲石。古代人对金石是很痴迷的。赵明诚从小就喜欢金石，他用一生的心血收藏了很多拓片。他们做学问是很少接触到实物的，不像现在我们进博物馆就可以看到，古代不太容易看到实物，文物散落在各地也不太好收集，他们收集到的一般都是拓片。赵明诚做金石研究，他的夫人李清照也一起做，到北宋末年，他们俩还在坚持做学问。赵明诚去世后，李清照又用两年的时间把她丈夫的遗稿完善并最终出版，这部书就叫《金石录》。

其实他们俩编《金石录》是有所宗的，所宗者就是欧阳修。在史学家眼里，提到欧阳修，首先就会想到《新唐书》《新五代史》。实际上，欧阳修也写了一本金石学的书，叫《集古录跋尾》，就是给书中所收每方拓片的文字写一篇后记，这个后记称为跋尾。在欧阳修之前，虽然也有人研究金石，但没有写出这么系统的专著，是欧阳修把金石学进行了很好的总结和归纳。所以，欧阳修可以算是金石学的开山祖师。赵明诚、李清照便是学习了欧阳修《集古录跋尾》的体例来做金石研究的，由此金石学开始正式奠定。

金石学在元明两代没有得到很好的发展，真正大放光彩是在清代。乾嘉、嘉道年间，中国出现了一大批金石学家，可谓蔚为大观。当时的金石学家一般都是官员，他们在地方任职期间，可以接触到拓片和实物，可以说官员和学者的结合为金石学的发展提供了条件。比如阮元，他不仅校刻"十三经"，还喜好金石。又如毕沅到陕西做巡抚，就把整个陕西的石刻调查一遍，写了很多金石学的书。大家现在去陕西，会发现每个皇陵前都有一个碑，比如汉茂陵、汉阳陵、唐乾陵、唐昭陵，那都是毕沅给立的碑，他踏查了众多文物古迹，当然也包括石刻遗存在内。所以，我们要感谢他们，现在所做的许多工作都是基于宋清两代学者的积累，才有了现在的金石学的面貌。

这个故事又讲了一千多年，大家看，有这么多的学者，对石刻如此痴迷。所以，从石鼓的搬运、保存到金石学的诞生和演变，石刻在中国古代文化史中是占有重要的学术地位的。今天我们研究石刻，接触石刻，也是为自己增添一些厚重的文化内涵。

石刻的形制

在谈了石刻研究的重要性之后，我们言归正传，进入今天讲座的主题。今天我们主要围绕一个话题展开讨论，这个话题就是石刻的形制。什么叫形制？就是一个东西长什么样，它叫什么，怎么认识它？当你听完今天的讲座后，以后再出门就可以当导游了，而且是超专业的导游，而不是百度百科的导游。这是石刻研究的基础和开端。首先要认识你所要研究的材料，然后才能进行下一步的研究。今天我们先不谈研究，但我会在字里行间穿插一些研究的心得和大家分享。

今天我们探讨的是带有文字的石刻，石刻上的文字可分为两个途径来研究。

第一个途径是艺术鉴赏，鉴赏的是石刻文字的书法。小时候很多人都练过书法，临过很多名家的字，唐代是欧阳询、虞世南、颜真卿、柳公权，再往前就是王羲之、钟繇。书法界对碑帖的热衷是由来已久的，现在依然如此，一些大名碑如多宝塔碑、玄秘塔碑、九成宫醴泉铭，会出数百个版本，就是因为大家对书法的热爱。所以，书法界对碑帖是一种看法，他们主要看重的是石刻文字的艺术性。

书法界也热衷于收藏，他们喜欢的也是碑帖拓本。现在最早的拓本是宋代拓本，就像宋版书一样珍贵，之后便是明拓本、清拓本、民国拓本以及现代拓本，其价值也是千差万别的。在书法界，大家最喜欢看的是剪裱本。剪裱本容易携带、收藏和欣赏，但失去了原碑的整体感。因为书法界只看重字，不会太在意碑文的整体性。

第二个途径是文本研究，不管字写得好看不好看，如有的造像题记写得非常不好看，但它的文字文本的历史价值却很大，也是历史研究的重要资料。所以，历史学者看重的是石刻整体的文本内容。当然，历史学者做石刻研究也会欣赏书法，一边写着文章，一边看着优美的文字，那是双重享受。所以，历史研究主要是围绕碑刻上的历史文本进行历史的再次发现。为什么叫再次发现呢？中国古代历史研究历来重视传世文献，当然传世文献经过多人的传抄复刻，到现在已经不是原貌了。所以，石刻的出现的确为我们研究历史文化提供了另一种重要的材料。

前面提到宋到清的金石学研究曾经蔚为大观，但金石学家的研究还算不上真正意义上的历史研究，金石学家重在考据，比如对石刻文字本身的辨析，对文本中的职官、地理进行考订等。利用碑刻进行现代意义上的历史研究在清末民国并不是很盛行，在中国大陆尤其不盛行。在这一点上，日本、欧美，以及中国的港台地区，都曾经跑在前面。

今天我们主要来讲讲如何认识这些碑刻，如何用这些石头上的文字来做历史研究。认识和研究碑刻，需要将这些石头进行一种转换，就是从历史现场到文本现场的转换。我们把作为物质性的石头叫作"原石"，而为了将石刻上的文字保留下来并易于观摩，人们又发明了"拓片"工艺。拓片是人们为了更清楚地看到上面的文字，用宣纸和墨，通过黑白反差，将石刻文字凸显出来的一种加工方式。除了原石、拓片之外，还要将石刻文字转换为现代人读得懂的文字模式，这叫作"录文"。所以，如果想对一块石头上的文字加以研究的话，要先看原石，再做拓片。拓片的工艺很复杂，我们应该请专门的拓工师傅来讲。然后再做录文，就是把石头上的文字转换成我们看得清的文本。当然，现在可以转成繁体字或简体字，再加标点。这三件事情完成之后才可以做研究。总之，一块石刻要从原石（石头）变成拓本再转成文本，最后才能写成文章，这就是从历史现场转换到文本现场的过程，是我们做学问最后需要达到的境界。

接下来，我们分门别类地把碑刻的形制向大家介绍一下。

图 5-2 这个尖头的石碑是干什么用的呢？石刻的背后是个凄凉的故事，就是曹魏在欺负汉献帝，当然此时曹操已经故去，而是他的儿子曹丕要当皇帝了。大家知道，他没有经过流血斗争就拿到了东汉的天下，建立了曹魏政权，这就是名义上的"禅让"。当时他在现在的河南许昌进行了一个很大的典礼，就是受禅仪式，让受气的汉献帝刘协把皇位让给他，在此之前，曹丕和他的功勋大臣进行了很长时间的筹备工作，写了数十篇文章，一方面是论证曹魏的正统性，另一方面是劝曹丕当皇帝。这些文章基本收录于现在的《三国志》裴松之的注里，大家可以找来看看。文章虽然冗长无味，但文辞却很优美。这是古代禅让的规程，这些文字就刻写在这些碑上，为了纪念"这伟大的事业"，当时把受禅的内容，包括公卿将军上尊号奏的表都刻在两块

图 5-2 曹魏受禅表碑
摄于河南临颍繁城

图 5-3 西汉麃孝禹碑
摄于山东博物馆

图 5-4　东汉鲜于璜碑（复制品）摄于天津博物馆

石碑上，有幸保留到现在，这是我们看到的现存的魏晋南北朝较早的石刻。

这块碑上的文字现在已经剥落殆尽，但可以通过它看到碑的原始形制，即使到曹魏时期仍保留了汉碑的基本特征，尖尖的碑额，还有碑上的"穿"。汉碑是什么样子呢？图 5-3 这方碑便是西汉的碑，现藏于山东博物馆的"麃孝禹碑"，这是汉碑的原始形态。这方碑非常难得，因为西汉的碑是很少的，中国碑刻的繁盛是从东汉中后期才开始的。

金石学家一般认为，最早的碑是木质的，就是地表的标志物。后来因为木头容易腐朽，才换成了石头，而且渐渐在上面刻上了文字。图 5-4 中的碑是标准的东汉碑的形制，这是在天津武清区发现的"鲜于璜碑"。你问它标准在哪儿，标准就在于这个尖头和上面的圆孔。这个尖头叫圭首，因为古代的玉圭，就是长方形尖头的形制,所以用玉圭的形状来形容碑额的形状,东汉碑一般的标准形态就是这种尖头圭首碑。在它的碑额中间或下方会有个圆孔,我们把它叫作"穿",这个圆孔也只在东汉有,到了后期这个圆孔就消失了。碑"穿"的出现是个谜,至今有十多种说法来探讨为什么会在碑上做"穿"。

从直觉上看,在石碑上穿个洞肯定要放点东西,所以有的人说是在运输石碑的过程中用绳子或者木头把它搬起来。但是,如果是这样的话,为什么东汉之后的碑就没有"穿"呢?

而且,根据石刻文字的布局,有的"穿"是在刻碑之前就凿好的,但有的"穿"却是在刻碑之后再进行雕凿。所以,东汉碑刻上的"穿"是一个有趣的谜题,等待大家慢慢揭开谜底。

因此,所谓汉碑,实际上主要集中在东汉中后期,并直接影响到曹魏初期的碑形。进入魏晋南北朝,早期汉碑的形制被抛弃,逐渐发展成为现在我们看到的这个碑型了。

魏晋之后的标准的碑主要由碑额、碑座、碑身几个部分组成。

碑额中间这个部位是写额题的部分,额题就是这块碑的名字,要写在碑额的中间;碑额上的花纹在中古时代就是"龙"或者"螭"。

碑座有两种形制,一种是龟趺碑座,另一种是方形碑座。龟趺,也有人叫它赑屃,但赑屃的概念是明代以后才出现的,龙生九子,其中一子叫赑屃,但魏晋或唐代是不会把它叫作赑屃的。我们看看图5-5,通过和照片上的真人进行对比,你就知道这个龟趺有多大了吧。这个应该是目前发现的全国最大的龟趺,它就在河北石家庄的正定。试想如此巨大的碑座上的碑应该有多庞大。实际上,这通碑已经完全超越了当时的制度规定,就连皇帝都不可能有这么大的碑,所以它只能是唐后期到五代割据河北的藩镇节帅的碑。

从碑额到碑座之间的部分叫碑身,这是我们最喜欢的部分,因为这通常就是刻写文字的部位。碑身的正面我们称为碑阳,反面为碑阴,侧面为碑侧。这三个地方都可以写字。

总之,从魏晋南北朝隋唐一直到清代,碑的基本形制没有发生太大变化。当然,碑额和碑座的雕刻是有变化的,这是艺术史的话题,

图5-5　五代安重荣碑龟趺　摄于河北石家庄正定开元寺

如果你看得多了，一眼就会知道这个碑的基本断代。

那么，碑又如何进行分类呢？先推荐给大家一本书《语石》，就是讲石头的故事。这本书的作者叫叶昌炽，是清末及民国初年的金石学家。这本书写得非常详细，它告诉你，各种石刻怎么分类，怎么去辨认，并举例说明。所以，它一般是我们认识石刻的入门书。叶昌炽在《语石》卷三《立碑总例》中，对碑进行了四分法的分类，他认为碑有四大功用：一是述德，二是铭功，三是记事，四是纂言。基本上所有的碑就是做这四件事情的，不可能无缘无故去立碑。立碑是一件非常重要的事情，而且要耗费大量人力物力财力，普通百姓是立不起的，一块石碑从采集到制作，再到请人书写碑文，请书法名家书丹，请刻工镌刻，这个过程相当复杂。

所以，古代很多的名家都会替别人书写碑文，那样会赚到很多钱，白居易、柳宗元、刘禹锡、杜甫、李白都替人写过碑文。白居易晚年替他的好友元稹写了一个墓志，就挣来了重修一座寺庙的经费，那座寺庙就是现在洛阳龙门的香山寺。

叶昌炽说：所谓述德，"崇圣、嘉贤、表忠、旌孝，稚子石阙，鲜于里门，以逮郡邑长吏之德政碑是也"。所谓铭功，"东巡刻石，登岱勒崇，述圣、纪功、中兴、睿德，以逮边庭诸将之纪功碑是也"。所谓记事，"灵台经始，斯干落成，自庙学营缮，以逮二氏之宫是也"。所谓纂言，"官私文书，古今格论，自朝廷涣号，以逮词人之作是也"。他还说了很多不是碑的石刻，但今天的讲座我们也要介绍，比如碣、表、志、莂、石阙、浮屠、幢、柱、摩崖、造像、井阑、柱础等。这些也都是石刻，上面也都有字，但它们不叫碑。所以，大家一定要辨别什么是碑，什么不是碑，不是凡是刻有字的石头都叫碑。

现在根据叶昌炽的说法，举几个实例。

先说说崇圣。在中国古代，最突出的崇圣行为是对孔子的宣扬，在各个孔庙里都有相关的碑刻。图5-6是唐代开元年间的孔庙碑，现在依然保存在曲阜孔庙。还有一种述德碑，就是叶昌炽所说的表忠。例如唐代武则天时期当地人为了表彰汉代的纪信而立的碑即为一例。纪信是对刘邦有恩的一个人，后人认为纪信是忠义的典范，所以要为他立碑。这样的碑还有很多，例如大家去四川成都的武侯祠，就会看到有唐代立的"蜀丞相诸葛武侯祠堂碑"，就是为了纪念诸葛亮。

再来看一看德政碑。德政碑一般是在一个地方官在世的时候立的，实际上是为了宣扬地方官的政绩，由地方僚属、乡望出资，把地方官的政绩写在碑上，流传于世。比如我们练书法非常熟悉的"张猛龙碑"（图5-7），是北魏德政碑的代表。

此外，还有神道碑，也就是所谓的墓碑。上面会详细记载墓主人的生平事迹。

还有一类碑叫记事碑。比如"隋龙藏寺碑"（图5-8），就是记录隋朝恒州刺史带领全州官民共同整修龙藏寺的事迹，是隋碑的代表。还有记录祭祀仪式的碑，比如曲阳北岳庙的"大唐北岳神庙之碑"。这块碑记录了由国家主导的北岳山神的祭祀仪式，所以，这也是块记事碑。还有记载修孔庙过程的碑，如曲阜的"唐咸通十一年新修庙记碑"。最重要的是这块碑上记载了地方官向朝廷祈求修庙的文本原貌。这块碑中，既有过程，又有文本，还有诏敕，因为唐代的王言，今天

图 5-6 唐开元七年鲁孔夫子庙碑 摄于山东曲阜孔庙

图 5-7 北魏张猛龙碑 摄于山东曲阜汉魏碑刻陈列馆

图 5-8 隋龙藏寺碑 摄于石家庄正定隆兴寺

图 5-9 唐升仙太子碑 选自关野贞、常盘大定《中国文化史迹》第五辑（法藏馆 1941）

能看到的并不多，但它却被当时人留在了石刻上，让我们得以一窥唐代后期的公文形态。关于记事碑，我们还可以举一个例子，这块碑也比较有名，就是武则天时期的"升仙太子碑"（图 5-9）。武则天经常在洛阳居住，所以她喜欢嵩山，还去祭祀了嵩山。有一次她在祭祀嵩山的途中路过偃师的缑山，认为应该在这儿立块碑，因为据传这里是王子晋升仙的地方。

"升仙太子碑"之所以重要，第一当然是因为它的书法，一般认为这是武则天留存至今的唯一真迹。碑阳文字华丽，但历史学家看重的往往是碑阴上的文字。尤其是碑阴部分的题名是十分重要的，但往往不被书法家所看重，他们拓的都是碑阳，因为碑阳的书法好，碑阴一般不重视书法。碑阴有很多官名、地名和人名，这些信息对于史学研究而言，非常重要。所以，提醒大家以后看碑，不要忘了看碑阴和碑侧，往往会有意外的发现。

记事碑还有与宗教相关的。比如保存在湖南长沙岳麓书院的麓山寺碑，是一块记载佛教寺庙发展过程的碑。还有和道教有关的碑，例如四川成都青城山的唐代诏敕碑。这是唐玄宗赐名青城山的一个很重要的碑刻，而且这块碑也是非常典型的诏书或敕书的还原，从中可以看到唐代的诏书原貌。还有一种造像碑（图 5-10），这种碑是佛教和道教的专利。就是在碑额和其他部位开龛造像，同时刻写碑文的一种宗教记事碑，而这类文字，我们把它叫作"造像记"，是研究宗教社会史的重要史料。造像记一般刻写造像的原因、目的和对象，让我们了解到除了史书上写的王侯将相之外的一批普通民众的日常生活面相。

关于碑，我们先聊到这里，下面我们从地面走到地下，来看看墓志。

如果说碑是立于地表的，那么墓志就只能存在于地下。墓志和墓碑文字的内容都是赞颂墓主人的生前功德，但墓志是伴随着逝去的人埋在地下的附属品。现在我们看到了墓志，是考古或盗掘的产物。所以，古代没有墓志的学问。墓志就是一块一块的方形石头，内容虽然看上去似乎千篇一律，但它们绝对是我们中古史研究的重要资料来源。

说到墓志，有个重要的地方，叫千唐志斋，就在现在洛阳的新安县。随着金石学的兴起，除了碑刻以外，墓志又是一大类收藏品。由于墓志一般体量适中，因此可以直接收藏原石。民国时期有很多收藏大家，千唐志斋就是民国张钫先生的收藏地。还有于右任先生也喜好收藏墓志，"鸳鸯七志斋"便因此得名。目前这批墓志保存在西安碑林博物馆。

墓志最早其实也并不是方方正正的石头，它也是有前生的。一般而言，墓志就是放倒了、变小了的墓碑，而且从地上转移地下。这种转变也许与魏晋南朝的禁碑规定有关。墓志的前身叫墓表，类似小型墓碑，是放在墓道里的，是立着的。"前秦梁舒墓表"（图5-11）反映了墓志的早期形态。墓表主要存在于魏晋前期，包括十六国时期会出现很多小型的墓表。所以，墓表这类形制只存在于魏晋十六国时期，到北魏前期还有一些，到北魏后期就渐渐地变成墓志了。所以，墓表应该是个过渡形态。

我们来看一看唐代上官婉儿墓志（图5-12）。这是一组标准的墓志，是由两块石头组成的，上面一个盖子，叫志盖，下面一块石头，叫志石，盖子是要盖在石头上，为了保护这个文字，不受损伤。

墓志盖很像房顶，一般都做成盝形顶的形制。志盖上面会写上墓志的题名，实际上这就相当于碑额上面的额题，书体一般为篆书。志

图 5-10 北齐刘碑寺碑
摄于河南登封刘碑村

盖还会刻有线刻或浮雕花纹。唐代墓志的花纹,一般是忍冬纹比较多,复杂一些的会刻青龙白虎朱雀玄武"四灵"以及十二生肖图案。

再说说志盖下面的志石,这是墓志的主要部分,因为墓志的文字就刻写在这上面。墓志的文字分为几个部分,第一部分叫志题,这个题目是要把墓主人生前以及去世时的官职都写上,例如"唐故淮南节度副大使知节度事管内营田观察处置等使金紫光禄大夫检校司空兼扬州大都督府长史御史大夫上柱国清河郡开国公食邑两千户赠司徒崔公墓志铭并序",这是他的全部官名。志题后面是序和铭。序的文字往往很多,主要描述墓主人的家族、仕宦、卒葬地等信息。这一部分是我们研究历史的重要资料。序后面的骈体文叫作铭。

除了志题、序、铭之外,唐代墓志还有一个很突出的特征,就是会将墓志撰写者、书法者或者刻字者的姓名刻在墓志上。而在此之前的北朝墓志很少会写撰、书人姓名,反映出墓志在唐代已然发展成熟的现实。此后,宋代墓志、明清墓志基本没有跳出唐代墓志的形制和书写规范,可以肯定地说,唐代是墓志的重要定型时期。

图 5-11　前秦梁舒墓表拓片

除去正规形制的墓志外，中古时期还有一些有造型的墓志，充分反映出古人的超凡想象力。例如西安碑林的李寿墓志（图 5-13），和故宫博物院的北魏元显儁墓志均为龟形墓志，这些墓志的形态都非常奇特和精彩。

当然，墓志也有超级庞大的，比如河北邯郸的何弘敬墓志，这是现存最大的唐志，如果将墓志竖立起来，其高度比一个一米八的成人还要高。这种逾制的墓志也是唐后期河北藩镇跋扈的真实写照。

唐代还有瓷墓志，一般流行于江南地区，越窑产的青瓷最适合做青瓷墓志，那个地方的唐人享受的是越窑瓷的墓志，这种待遇还是比较高的。

有些墓志盖上会有铁环，应该是协助搬放墓志盖而设计。在西安碑林博物馆展示有很多这种带环的墓志盖，说明当时墓志很多是铸上这种铁环的。以上都是形态比较独特的墓志。

所以，墓志作为中古史研究是个重要的资料发现。墓志中大多数人是不存于正史的，所以这套人物传记资料极大补充了传世文献的失缺。当然如何具体利用墓志进行历史研究是另外一个话题，今天没有时间细讲。总之，墓志是中古史研究的重要史料，墓志的价值和意义

图 5-12　唐上官婉儿墓志并盖　摄于西安碑林博物馆特展

应该等同于敦煌吐鲁番文书。所以,有的学者呼吁,既然有敦煌学这样一门学问,那也应该提倡发展墓志学或石刻学。

　　以上,我们谈了地表的碑和地下的墓志。在中国古代,还有一类石刻,古人也特别喜欢,它们的形制是一些柱子,这些柱子是古人非常频繁使用的石刻资料,我们一般把它叫作"幢"。上面如果刻有经文,就叫经幢。

　　图 5-14 中这位攀梯子的女士是林徽因,我非常喜欢她和梁思成的游历经历。上世纪 20、30 年代,梁思成、林徽因夫妇为了调查中国古建筑,走了很多地方,其中包括河北省、山西省。正是由于他们的努力,让我们了解到在中国的土地上也是可以看到唐代建筑的。他们所在的营造学社确实为中国建筑史增添了很多重要的资料。他们重新发现的山西五台山佛光寺,改写了中国建筑史。五台山佛光寺东大殿应该是唐后期的一个典型的木构建筑的标准样式,但今天我们不谈建筑,只谈石刻。照片上,林徽因女士攀爬上去测量的就是唐代的经幢,一直保留到现在。

　　说到经幢的构成,中间部分是幢身,文字基本上在这个区域。其他的部分就是底座和顶。当然还可以进行艺术加工,比如做一个须弥

图 5-13　唐李寿墓志
摄于西安碑林博物馆

座,中间还可以做好几节,还可以刻佛像等。

经幢主要刻的是各种经文,在唐代最流行的是镌刻佛顶尊胜陀罗尼经。有文字的石柱并不是唐代特有的,北朝就已经有了,当时在上面刻经比较普遍,但是刻佛顶尊胜陀罗尼经是从唐代开始流传的,而且一直到宋辽金元明清,没有太大变化。所以现在大家再去各个佛寺参观,总会发现几根经幢,但大部分是辽代、宋代、明清时代的,唐代遗留的比较少。想当年,唐代是每个寺庙都有经幢,每家每户都会供奉经幢。佛顶尊胜陀罗尼经是密教的经文,主要的目的是破地狱,就是人死了以后,你替死者念这个经,他就能被超度。所以,这个经在唐代非常流行,人们读完之后心里就会特别舒服。经幢一般是 8 面,邢台的 16 面经幢是比较罕见的(图 5-15)。

除了佛顶尊胜佛罗尼经,当时经幢上也会镌刻其他经文,比如般若波罗蜜多心经,还有佛说阿弥陀经、金刚经等,总之,建经幢是为个人、为家族或为逝去的人祈福。除了佛教相关经文,还有道教相关经幢,上面会刻道德经,这和唐玄宗李隆基有关。李隆基崇尚道教,所以他下令全国刻道教经幢,这就是道德经幢。所以,现在可以看到几个刻有道德经的经幢,比如易县道德经幢和邢台道德经幢,上面镌刻御注道德经。

除了刻佛教、道教文本之外,还有一些跟记事有关的石柱,最有名的就是北齐的义慈惠石柱(图5-16),现在在保定的定兴县,也是全国重点文物保护单位。这个石柱上的文字记载了一次慈善活动,在北魏后期"六镇之乱"后,河北老百姓很多人死于战乱,所以一些有财力的人率人来收拾尸体,并成立了一个组织,后来渐渐地把它扩大为慈善活动,周济过往流民,给他们饭吃,朝廷知道这件事后,下令将这种慈善活动做成官方活动。为了褒奖这一行为,就立了一根柱子。一开始是木头柱子,后来改成了石柱,这个石柱上刻写了这次慈善活动的过程,包括所有参与慈善活动的人的姓名,这是最早最详细的关于"义"这一社会组织的记载。义就是某种慈善组织机构,义慈惠石柱成为了解北朝慈善活动的一个很重要的实物资料。当然从建筑来说,它上面的顶子也很重要,是北齐时代的屋顶实物,我们看不到木结构的,所以对搞建筑的学者来说,这个石柱同样非常重要。

自从经幢流行以后,八面石柱便成为一种重要的石刻形式被人们广泛应用。还有一类情况是和佛教、道教没有任何关系的,只是借助石幢的基本形制来做宣传。例如河北定州的"大唐段公祈岳降雨之

图5-14 五台山佛光寺文殊殿前院唐乾符四年经幢

颂"，记载了一次由地方官率领的祈雨活动，这和佛教没有任何关系，但它还是八面刻的经幢形制。又如江苏徐州的"使院新修石幢记"，是记载武宁军节度使政绩的石碑，其实它是个德政碑，只不过被修成一个石幢的形制。问题在于，究竟是先有经幢，还是先有石柱，非经文的石幢究竟是受经幢的影响，还是本身发展出来一种石刻样式。一般认为是先有佛经的经幢，后来由于普及，所以大家就开始接受这种石刻，因为八面的比较便于观赏，所以，最后很多地方都开始使用这种石柱来记与佛教无关的东西，它们是碑的一种变体。

以上讲的三种石刻，立于地面的为碑，埋在地下的为墓志，碑变成八面石柱就成了幢。

接下来再介绍几种石刻。我们先来说说造像题记。它不是碑，也不是墓志，更不是经幢，它就是佛教、道教的造像，但在造像的底座上往往会刻有文字，这个文字就叫题记，和造像碑上的文字一样，也可以叫造像记。明确记载为谁造像，造什么像，哪年哪月造，以及发愿词，所以，它代表了普通民众的心声，也是我们研究佛教史、社会史的重要材料。一般是单体造像或三尊像才有造像记（图5-17）。在中古时代，单体造像上留存的造像记数量很多，当时几乎每个老百姓只要有点钱的，都要在家或寺庙道观供养造像，造像底下一定要刻造像题记。

除了单体造像题记，还有石窟造像题记。当你游览洛阳龙门石窟时，不仅会看到雕刻精美的造像，还会发现内容丰富的题记。当年在石窟造龛的时候，人们便会镌刻题记，历朝历代都有刻写，这些题记又是我们研究的重要材料。龙门石窟最重要、最有书法价值的就是龙门二十品。

下面我再展示几类石刻。比如石经，上面刻的是儒家经典，不是佛经，著名的有曹魏的"正始石经"，刻的是三种字体，目前已经流散殆尽，全是碎块。现在保存最完好的是唐代"开成石经"，是唐文宗开成年间下令镌刻的石经，保留在西安碑林博物馆。

再如摩崖题刻，就是在山体一个平面上刻写文字，这在宋元明清时代比较普遍。在唐代，比如唐玄宗封泰山时留下的《纪泰山铭》是

图 5-15　唐十六面陀罗尼经幢
摄于河北邢台开元寺

图 5-16　北齐义慈惠石柱
摄于河北保定定兴县

著名的巨幅摩崖题刻（图 5-18）。还有河南登封的石淙河摩崖题记，这又跟武则天有关，武则天去祭祀嵩山，来到了石淙河边，看到风景优美，就让大臣们停下来作诗、吃饭、喝酒。武则天作了一首七言律诗，便让所有随从大臣各作一首，叫作侍游应制。最后把所有的诗都刻在摩崖上。

还有一类是舍利函，这个当然和佛教有关，是盛放舍利的石制容器，上面会有题刻，例如河北定州静志寺塔基地宫出土的一套舍利函非常精美。一个大石函套小石函，再套小石棺，再套小瓶子，每一件石刻上面也会有文字。这类舍利函一般埋在塔底，像法门寺地宫出土的舍利石函，是非常著名的。

以上围绕石刻的形制以及如何运用石刻进行历史研究，讲了一些基本知识。我在讲座的开头，曾经提到要带大家回到历史现场。我们从事历史研究的学者和考古学家有很大的区别，考古是会经常接触历史现场，做历史的都天天埋头于文本文献，几乎找不到活生生的现场，而碑刻其实就是你最容易接近的历史现场。这个历史现场不是狭义的历史现场，不是在原址没动就是历史现场。现在很多碑都移动

图 5-17 曲阳修德寺遗址出土佛教造像 摄于北京故宫博物院慈宁宫

了,像西安碑林的碑大部分都是移动过去的,它们已经丧失了狭义的历史现场,但碑实际上就是历史现场,当你触摸到碑上生动的文字,就是和古人在对话,它是活生生的历史。通过这种近距离的接触历史,我们才真正走到了历史现场。

今天讲座的目的,就是让大家走近这些石刻,走近这些石刻上的文字,通过各种方法将石刻上的文字转换为历史研究的主要材料,从而为历史研究提供一个崭新的材料动力。

互动环节

问:现在我们说中古史的研究基本上离不开碑刻史料,刚才您讲了形制等,我想追问一个问题,以您的研究为例,讲一讲在历史研究中如何利用碑刻进行研究。一开头您也谈到,历史研究主要围绕碑刻对文本研究的历史再发现,您的研究领域是怎么样利用碑刻进行历史

图 5-18 唐纪泰山铭
摄于山东泰安泰山

的再发现的呢?

夏炎:碑刻文字在金石学家那里就是 4 个字:补史、证史,这是他们总结的很简单的体系。补史是补充传世文献里没有的内容,比如补个人物、补件事情。证史是用石刻文字作为旁证,证明传世文献的记载是对的或是错的。从传统金石学来看,碑刻研究基本上就是这个路数,补史证史,基本做的工作就是考证。进入本世纪,大家可以对原先的研究范式加以反思,因为碑刻的内容包罗万象,囊括的内容非常广博,不能仅仅满足于补史、证史。

举两个例子,一个是佛教造像题记,现在用佛教造像题记做社会史的学者渐渐多了起来。过去人们不重视这些题记,认为内容很简单,实则不然。我们会从中发现繁复的历史画面,包括佛教慈善组织怎么运作,人群的层面、家族的不同样貌都可以从造像题记中发现。清华大学侯旭东先生和台湾"中研院"史语所刘淑芬先生,都是用造像题记来做中古佛教社会史研究,已经取得了很好的成果。目前造像题记还是层出不穷,因为它隐藏的地方很零散,如果想集中起来做研究也不容易，但这块资料是社会史新的补充。之前认为是王侯将相的历史，有了造像题记，忽然发现在王侯将相历史之外，平民百姓的历史也可以被找到了，这便是造像题记的作用。

再如墓志，这类石刻对中古史研究而言简直是个新天地，因为墓志里记载了丰富的关于人的故事，其中会告诉我们家族的组成情况，墓志基本是以小宗为单位来认同祖宗的，这部分是做宗族史、妇女史研究的很好的材料。我们发现很多墓志的主人都是女性，而大多数女性在正史中是看不到的。我们在墓志里发现大量的女性的图景，所以可以做关于女性的新研究，称作妇女史或者女性史。墓志里还有很多年龄记载，比如生年、卒年，又可以做人口史的研究。墓志中又有很多关于职官制度流变的记载，因为它会详细告诉我们墓主人生前怎么做官，今天是什么官，明天是什么官，这些职官又比正史详细，这是职官制度史的材料。墓志对于丧葬的描写又很丰富，特别是对卒葬地会记载得非常详细，这又对丧葬史或丧葬礼仪史的研究有很大的帮助。墓志里还有精确的纪年纪月纪日，又可以为古代时间研究找到精确的证据。当然，墓志还包括文学性、艺术性。

墓志为政治史、家族史、女性史、社会史、丧葬史研究提供了很多传世文献中找不到的资料。现在唐代出土的墓志可以看到的有两万多方，但存世墓志绝对不止是这些，还有大量墓志在墓里没有被挖掘出来，一些墓志还流散在社会上。唐代的墓葬集中在长安和洛阳两京，所以，唐代墓志又为长安都市史和洛阳都市史，或者城市史研究提供了很好的材料。墓志的确给史学研究提供了很好的研究素材，但要仔细地用，灵活地用，不要死板地用。总之，石刻资料已经是中古史很重要的佐证材料，在一篇文章中单单用传世文献已然不能说明问题，通常都要用一些石刻资料来进行佐证。

问：关于德政碑，它作为丧葬或与丧葬有关的东西，在普通民众、社会当中的文本传播度大概会有多少？因为以前复旦大学的仇鹿鸣老师写过一篇文章，就是《从〈罗让碑〉看唐末魏博的政治与社会》，他说巨形石碑一方面宣扬藩镇自身的独立性，也表达了一种政治宣传。他举的例子，我记得有何弘敬的墓志、何进滔的德政碑和安重荣的纪功碑。但德政碑和纪功碑大多立在城市中央，的确会起到一些政治宣传作用，而神道碑可能不会立在城市中心，而是在家族墓地之中，这对普通民众的接受度和影响力到底有多少？

夏炎：这是中古石刻研究的信息交流问题，碑上的文字究竟有多少人能够看到，的确是个问题。首先，碑文肯定是要让人看到的。但碑文的受众面不一定非常广泛。比如中古时期老百姓的识字程度不高，也许根本看不懂碑上的文字。碑文的受众应当是当时的知识阶层。比如德政碑本来就是要宣扬德政，而这种宣扬只能通过知识阶层去完成，这个任务不会落到普通百姓身上。其次，比如何弘敬、安重荣的巨碑，五层楼高，实际上，文字还是可以看清的。因为这种碑的字号也会很大。我在嵩阳书院门前看到的那块高达9米的"大唐嵩阳观纪圣德感应颂碑"，上面的文字还是可以看清的，就是需要比较辛苦地仰着头去看。但无论碑有多么高大，上面的文字依然可以看清，这是一个事实，不能忽视。当然，河北藩镇的这种巨碑一定会具有某些特殊性，那就是碑的某种符号性的意义。像这种巨大的德政碑，立在通衢大道，老百姓来来往往，抬头一望，从体量上看，便会发自内心地惊叹。这种巨大的石碑的确可以起到表彰德政，宣示权威的目的。但我们依然不能夸大德政碑的物质性，而忽略其文本性。

神道碑当然不是给普通人看的，注意，我这里强调的是普通人。以前的墓园，普通人是进不去的，所有的墓园都是有封闭空间的，并有专人把守。神道碑立于神道旁边，那是在墓园里，任何人都不可擅进，神道碑就是墓碑，一般人是看不到的。但是，神道碑上的文字依然是给生人看的，因为无论是下葬、立碑的仪式，还是定期的祭扫，特定的人群都会进到墓园中去，来到神道碑的面前，品读上面的文字。因此，神道碑上的文字依然非常重要。

问：我是书法专业的，从书法方面来看，从先秦一直到魏晋隋唐，字体的演变，基本分为三个阶段，从开始的造字时代，到后来的造形时代，到宋代以后是风格时代，我们是这么认为的。我的第一个问题是，从历史角度看，文字的变化，有哪些原因？从书法角度来说，不管造字、造形，它的风格有一些讲究的，我们对此进行了一些研究。第二个问题，汉代碑额是篆书，碑文有很多字体，比如隶书或八分书体等，汉代的书体碑文不同，这该如何解释？

夏炎：书法你最专业，关于文字是怎么转变的，我回答不了。至于从碑刻上看书法的变化，因为目前所见到的都只是单体个案，书法史对此可能有一套解读范式。的确在一个时代会出现不同字体刻写在碑上，汉隶刻写在碑阳上，碑额是篆，唐代也是这样，墓志的志盖是篆，志的正文是楷，也有隶，唐隶也是比较多的，但唐隶远比不了汉隶的雄浑，一个时代的不同刻写有很多，比如唐代会有行书的唐碑或行草的唐碑，但基本以楷书为核心。

现在我们研究书法史的载体是单一的，载体就是碑刻，当然到后来就可以有帖了。因为唐以前是摹本，王羲之的那些作品都是摹本，不是原本，主要的书法研究素材就是碑刻。利用这种单一的材料进行书法史研究是存在一定缺陷的。碑刻是独特性的东西，不是整体性的东西，而且刻写上的文字是特意写在上面的。可是现在我们研究的，像魏晋的书法，北朝的书法，南朝、隋唐的书法，基本依靠的是石刻的拓本。其实书法史和中古史是一样的，资料太少，你们依靠物质资料、实物资料，我们依靠文本资料。这个材料的量级都是随着时代往后推演，逐渐增多。所以，研究中古书法史临帖的主要是石刻，通过这些比较个案的材料得出结论来，究竟能不能反映一个时代的书法整体风貌，还有一些疑问。但这只是我个人的存疑，我仅仅是从史料角度进行质疑，书法史依然是运用一种线性史观进行研究。线性历史观无论从书法史、艺术史还是历史学角度来说，都存在弊端，所以，希望你以后能突破线性历史观，去发现更为立体的历史。

注：文中的实物图片均为夏炎在2015—2018年间亲自拍摄。

第六讲

多元一体

——中国史前彩陶的起源、发展与交流

中国人民大学通识教育大讲堂

中国物质文化常识系列 —— 第六讲

中国史前彩陶

主讲人：韩建业 教授
中国人民大学历史学院

主讲人简介： 甘肃通渭人，在北京大学考古专业获得历史学学士、硕士、博士学位，现为中国人民大学历史学院考古文博系教授、博士生导师，对中国先秦时期的文化谱系、文化格局、聚落形态、人地关系、古史传说、中西交流等进行过较为全面综合的研究，出版《早期中国》等专著或考古发掘报告15部，发表学术论文百余篇。正在主持国家社科基金重大项目"欧亚视野下的早期中国文明化进程研究"。

讲座简介： 中国是世界上彩陶最发达的地区之一，在距今1万年左右就出现世界上最早的彩陶，距今8000年前后分成东西两个艺术传统，距今6000年以后彼此交融，蔚然大观，形成以彩陶为代表的最早的"早期中国文化圈"，距今5000多年以后开始与中亚地区交流，出现丝绸之路前的"彩陶之路"。绚烂的彩陶文化，是中国农业文化的象征，也是早期中国精神的重要载体。

主持人
姜萌 副教授（中国人民大学历史学院）

时间
2018/10/31
14:00--16:30

地点
1205(公教一楼多媒体教室)

主办单位：中国人民大学 教务处　中国人民大学 历史学院

今天我要讲的题目是中国史前彩陶。什么叫彩陶？从狭义上讲，彩陶是指在器坯表面绘彩，然后入窑一次性烧成的陶器。还有一种是在烧好的陶器表面绘彩，一般叫彩绘陶。但广义上二者都可以叫彩陶。我今天讲的主要就是烧前绘彩的狭义彩陶。

什么是史前？现在中国的这个地域有人类生存，大约可以早到两百万年以前，考古学上叫旧石器时代，距今两万年以后出现陶器，就进入新石器时代。旧石器时代和新石器时代的大部分时间，都没有历史记载和传说留下来，可以称之为"史前时期"（Prehistory）。从大约公元前6000年进入新石器时代中晚期，一直到公元前1300年左右商代晚期甲骨文出现，这段时间可以叫作"原史时期"（Protohistory），特点就是虽然已经出现文字性符号或文字，但数量太少，不足以说明当时的主要历史，但在后世的文献记载当中，却有关于这个时期的传说和记忆。至于公元前1300年左右甲骨文大量出现以后，那就进入"历史时期"了。我今天讲的"中国史前彩陶"的史前，其实是一个广义的概念，包括了狭义的"史前""原史"两个时期，也就是从大约距今1万年彩陶出现到商代晚期以前的彩陶。

我们这里讲的"中国"，大致就是中华人民共和国的范围，但历史上的中国在不同时期有所变化。大约公元前6000年已经有了"早期中国文化圈"的萌芽，约公元前4000年形成"早期中国文化圈"或者最早的文化意义上的"早期中国"。

讲彩陶不能不提陶器。从江西万年仙人洞的陶器测年可知，中国陶器的历史大约有两万年。中国最早的彩陶我认为有一万年左右的历史。比较来看，西亚最早的陶器（陶容器）诞生于公元前6900年，比中国晚一万多年，但西亚陶器出现不久就有了比较发达的彩陶，这是很有意思的现象。讲到彩陶，我们会想到一些问题，比如：为什么出现彩陶？彩陶有什么用？彩陶的社会和文化功能是什么？吃饭、装东西，没有彩也可以，为什么要那些彩色装饰？还有一个问题，史前时期中国和西方的彩陶究竟有没有联系，是不是存在"中国彩陶西来"或者"西方彩陶东去"的情况？

我们按照时间先后，分三个部分来讲。

一　彩陶初创——东西二元

彩陶初创期指大约公元前8000—前5000年这段时间，在考古学上属于新石器时代早期、中期。这时发现的彩陶很少，主要分布在两个地区：一是东南地区，在浙江杭州湾以南的上山文化和跨湖桥文化，都先后发现彩陶。二是西北地区，在渭河和汉水流域的白家文化中有彩陶。这两个地区的彩陶一开始差别显著，可称之为东西二元。

上山文化最早发现于浙江浦江县的上山遗址，分布在长江下游的钱塘江以南地区，距今一万年左右。这个文化的陶器有敞口平底盆、双耳罐、敞口豆、平底盘、平底钵、圈足盘等。此时的西亚还没有陶容器，但有各种石头制成的容器。中国一万年之前的陶器都还很简单粗糙，但在浙江南部突然发现这么漂亮的陶器，器类多样，而且有器耳，有圈足，有装饰，发现伊始真的令人难以置信。说明一万年前浙江的文化发展水平超越了其他地区。

上山文化的陶器本身是较浅的红色，上面还涂有一层鲜艳的红陶衣。我们知道大部分制作陶器的黏土里都含有一定量的铁元素，铁元素在氧气比较充分的情况下，也就是露天或者开窑烧制的时候，会变成氧化铁，颜色发红，就跟健康人的鲜血是红色同理。陶器本身的浅红色就是这样形成的。但外表的红衣不一样，它不是黏土本身的颜色，而应该是使用了赭石或赤铁矿作为颜料涂刷的结果。另外，陶器上已经出现了简单的白彩装饰。这种红衣其实已经算是最原始的彩，加上白彩，无疑就是彩陶了，而且是世界上最早的彩陶。这些最早的彩陶的出现，主要就是出于审美的需求，所谓"为艺术而艺术"，当然也使陶器用起来更加光滑舒适，容易清洗，也有实用价值。无论如何，彩陶的出现使得上山文化的日常生活更加方便讲究，而且富有几分艺术气息。

大概在同一个地区，上山文化之后就是跨湖桥文化，距今七八千年。这个文化最初发现于浙江杭州萧山区的跨湖桥遗址。跨湖桥文化的彩陶比上山文化的复杂得多，太阳纹、折线纹等，都比较规整对称，乳白彩涂得比较厚，红彩较薄。而且是在红陶衣上绘白彩，白陶

图 6-1　跨湖桥文化彩陶（跨湖桥遗址出土）

衣上绘红彩，区别对待，匠心独具（图 6-1）。

　　白家文化发现于陕西临潼的白家村遗址，主要分布在渭河和汉水流域，属于白家文化的还有甘肃秦安县的大地湾一期遗存，距今也是七八千年。白家文化以前也有过老官台文化的名称。白家文化彩陶，绝大多数是在红陶上面绘红褐色的彩，彩的原料也应该是赭石一类，但也有个别白彩。彩陶线条比较简约，常见波折纹和波纹。比较复杂的有两种，一是在红陶内壁绘多个箭镞形折线纹组成的红褐色大"十"字图案，二是在灰褐陶内壁绘白色重鳞纹（像是多片鱼鳞错位重叠）图案。还有较多"十"字形、爪形等彩陶符号，或许白家文化的人群更擅长抽象思维（图 6-2）。总体看，白家文化彩陶和东部的跨湖桥文化风格不同，白家文化的比较粗犷随意，而跨湖桥文化的更加繁缛严谨。

　　比较来看，西方虽然陶器出现得很晚，但有了陶器后彩陶很快就出现了。不像中国陶器出现一万年之后才有彩陶。比如西亚的哈苏纳（Hassuna）文化、萨马拉（Samara）文化、哈拉夫（Halaf）文化等，跟白家文化、跨湖桥文化年代相当，但已经出现了图案丰富、布局严谨的彩陶，而且有大量的动物、人物图案，总体比同时期中国彩陶发达。萨马拉文化的一件彩陶盘中心有卍字纹，这差不多是世界上最早的卍字纹，周围围绕着四只鸟，还有鱼，都在旋转，看来卍字纹最初是在表达旋转，充满动感。哈拉夫文化彩陶上，有牛的形象，各种器物的形象。几万年来，牛一直是西方文化中崇拜的主题。欧贝德

图 6-2　白家文化彩陶
（大地湾遗址出土）

（Ubaid）文化也有彩陶，还有大角羊的形象。再看看中亚地区。在土库曼斯坦南部，和伊朗交界处的科彼特山脉北麓绿洲地区，有个哲通（Djetun）文化，彩陶主要是单调的横向、纵向的条纹，和伊朗北部的近似，追根溯源和西亚彩陶有关。

七八千年前的中国和西方，至少相差数千公里，彩陶之间很难说有什么直接的关联。差不多同时出现彩陶的原因，或许与全新世早中期两个地区农业发展和定居程度提高有关。

二　彩陶中国——多元一体

大约公元前 5000—前 3500 年，在考古学上属于新石器时代晚期。这个时候，中国东西二元彩陶由于扩展而碰撞融合，黄河、长江流域大部地区都开始流行形形色色的彩陶，尤其公元前 4000 年左右开始，豫西、晋西南和关中东部地区的花瓣纹彩陶影响广泛，标志着一个多元一体的彩陶中国——文化意义上早期中国的形成。

首先是仰韶文化的零口类型和半坡类型，年代在大约公元前 5000—前 4200 年。零口遗址在陕西临潼，半坡遗址在陕西西安，两

图 6-3　仰韶文化半坡类型鱼纹彩陶盆（半坡遗址出土）

图 6-4　仰韶文化半坡类型变形鱼纹彩陶盆（大地湾遗址出土）

个类型主要分布在渭河和汉水流域。两个类型彩陶接近，但半坡类型的更加发达，流行直线、三角等组成的几何形黑彩，也有鱼、鹿、蛙、蜥蜴和人面等像生图案。

先说像生图案。有一件半坡类型的绘有黑彩鱼图案的盆，一般人可能会觉得这条鱼很具象，实际上鱼的身体和鱼鳍都很对称，主要就是直线和三角形色块构成，牙齿都是直角三角形，已经程式化了，说明绘画者具有很高的抽象能力（图6-3）。还有更加抽象的变形鱼纹（图6-4）。但也有比较具象的图案，有一件细颈瓶上有蜥蜴图案，就比较生动，这种器物口小颈细，只能放根吸管进去，估计就是个酒壶。要是在西方，这种细颈的东西一般是香水瓶之类。

还有著名的人面鱼纹盆。"人面"本身闭着眼，额头部分有色块装饰，耳朵位置有两条鱼，嘴里似乎衔着两条鱼，头顶好像还有一条鱼尾，或者鱼尾形的尖顶帽子（图6-5）。这个图像很多人讨论过，有说生殖崇拜的，有说巫师的。最近有人说这个"人面"不过是鱼脸的正面照，好像也对。一些瓶或壶上面，有类似猪头的正面图案，中央那一对鼻孔很是醒目，上面两只大圆眼，眼珠上翻。但如果说这是一只鱼头的正面，似乎更像（图6-6、图6-7）。这样看来，鱼是半坡人生活中最重要的动物。现在的西安一带，和我的家乡甘肃差不多，比

图6-5 仰韶文化半坡类型人面鱼纹彩陶盆（半坡遗址出土）

图6-6 仰韶文化半坡类型彩陶瓶（姜寨遗址出土）

图6-7 仰韶文化半坡类型彩陶瓶（王家阴洼遗址出土）

较干旱，天然的鱼并不多，但要知道六千多年前正值全新世"大暖期"，这些地方比现在温暖湿润得多，湖泊常见，捕鱼吃鱼也很平常，或者干脆可以称之为"鱼粟之乡"吧！当然，之所以对"人面鱼纹"众说纷纭，是因为这个图像还是比较抽象，主题不容易确定。与两个人面相间画在盆子里的，还有两条鱼头呈三角形的鱼，也是比较程式化的画法。另外有的彩陶罐上有十二个人面，六个闭着眼睛，六个睁着眼睛，而且两两相对（图6-8），似乎意蕴无穷，却又很难有确定答案。这些彩陶图案当时多半都有比较明确的含义，只是我们后来的人不能回到古代，难以理解。有些图案后来变得越来越简化，就更难知道其确切内涵了。美学家李泽厚先生说彩陶是"有意味的形式"，最初一定具有意义。我不认为所有的彩陶都有意义，但大多数应当是有意义的，追根溯源寻找原初意义是一件很困难的事情。

再说半坡类型的几何纹彩陶，主要就是直线和三角形色块。当然器物口沿也有少量圆点、弧线，但整体以直线为主（图6-9）。给人的感觉就是工整、有序、拘谨，甚至有那么一点点死板。大概半坡类型当时的社会状况和思想观念也是这样的。比如半坡类型的半坡、姜寨、北首岭等聚落，都大致有个环壕围绕在村子外面，防御外人和动物，房屋的门都朝向中央广场，还有公共窑厂等设施。西北地区的冬天西北风厉害，即使当时气候温暖，冬天门朝西北应该也不好受，把门都向中央广场，只能说明当时集体主义精神的确强大。还有，当时小孩儿死掉后，就要放在瓮棺里，葬在自己家门附近，还在盖瓮棺的盆子上钻个眼，考古学家李仰松推测是为了小孩子灵魂的出入。这俨然是一个强调集体、很有秩序、爱护弱小的"原始共产主义社会"。考古学家严文明和巩启明先生在对姜寨聚落的分析中，将这样的社会概括为具有平等、凝聚、向心的特点。彩陶和聚落，都很有秩序，但似乎缺乏必要的变通。

半坡类型一些宽黑彩带陶钵的口沿上，还见有刻画符号，有人认

图6-8 仰韶文化半坡类型人面彩陶图案（龙岗寺遗址出土）

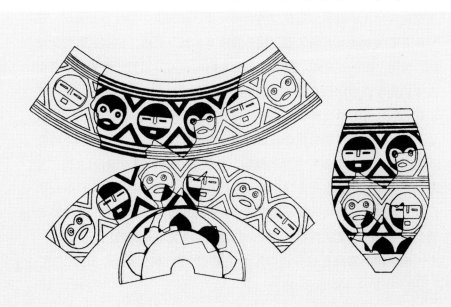

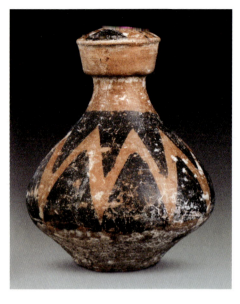

图 6-9 仰韶文化半坡类型几何纹彩陶壶（北首岭遗址出土）

为是文字，有人认为只是符号。我认为这些东西跟文字的起源应该有一定的关系，可以称其为类文字符号。其实在更早的年代，在河南舞阳贾湖就发现这类符号，有的跟甲骨文很像。西方彩陶上出现较多符号也大致是这个时期，东西方基本走了相似的路。

其次是仰韶文化庙底沟类型，年代大约在公元前 4000—前 3500 年。

庙底沟遗址位于河南三门峡市陕州区，分布在豫西、晋南和关中东部地区。庙底沟类型最典型的彩陶元素，是圆点、勾叶、三角纹，庙底沟彩陶和半坡最大的区别，就是满眼基本都是弧线，而且纹饰彼此交织，灵动、活泼、变幻、复杂。有的彩陶两片勾叶相对，组成类似后世太极的图案，中间还有圆点，有旋转的律动感（图 6-10、图 6-11）。暗示我们庙底沟的社会和半坡不一样，也应该是一个充满朝气，灵动、活泼、变幻和更加复杂的社会。当时在灵宝西坡、华县泉护、白水下河等地发现几十万上百万平方米的聚落，出现 200—500 平方米的大型"宫殿式"房屋，有了作为专门武器的穿孔石钺，或许已经具有军权杀伐象征意义，出现乱葬坑，暗示战争在社会中的地位越来越重要。这些都表明当时社会已经复杂到相当程度，已经站在了文明社会的门槛。

庙底沟的彩陶花纹应该如何去"读"？是"读"黑彩，还是"读"

留白,或者两种方法都可以?这本身就是一个难解的问题。如果"读"留白,那么圆点、勾叶、三角纹留白形成的图案,常常像盛开的花朵,考古学家苏秉琦先生叫它花瓣纹,他还能从中区分出菊花、玫瑰花等,并说花就是"华",也就是华山、华夏、中华的华。这是一个非常有想象力的说法。王仁湘先生也是看留白,从中看出很多半坡抽象鱼纹的衍生图案。这就是中国史前彩陶的魅力。你尽可以去解读,但由于抽象,可能各有各的答案,很难说得清楚。

庙底沟类型彩陶或许有鱼的元素残留,但不是很容易看出来,显而易见的,则是各种鸟的形象(图6-12)。最多的是鸟的侧视图,寥寥几笔,如行云流水,一气呵成。笔触刚劲有力,笔锋如刀,应该用的是毛笔一类的工具。古文字学家王晖教授说,这些侧体鸟形象已经不是图画了,而是字,和甲骨文中"隹"的写法几乎一样,翅膀也都是三笔。甲骨文的"隹"就是指鸟,繁体字的"隻"(只),就是一只鸟,"雙"(双)就是两只鸟。有的侧体鸟上面有一个大圆球,似乎对应《山海经》中"金乌负日"的传说。还有的是正面鸟的形象,上头的圆球为鸟头,中间双翅伸展,下有三足——或者中间那个竖道就是鸟尾呢!而这个正面鸟的形象,正好在一个大的圆形留白的中间,这不正是秦汉以来流行的"三足乌"的形象吗?看来,庙底沟人和东方其他人群一样,存在崇拜鸟、日的习俗,而且有鸟、日一体的观念。这大概是因为东方日出比较早,大海上看日出,有鸟飞过来,跟太阳

图6-10 仰韶文化庙底沟类型彩陶盆(庙底沟遗址出土)

图6-11 仰韶文化庙底沟类型彩陶盆(庙底沟遗址出土)

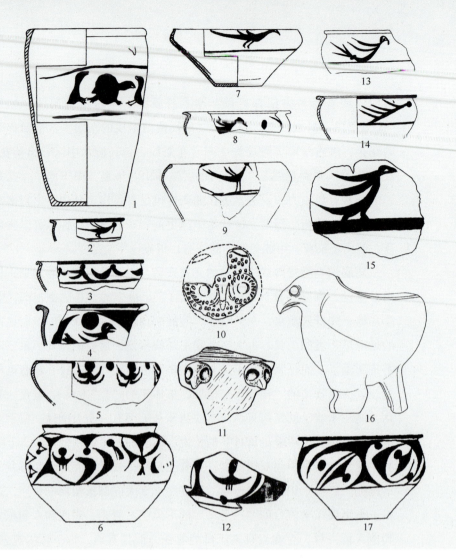

图 6-12 仰韶文化庙底沟类型鸟形象

图 6-13 仰韶文化阎村类型彩陶鹳鱼钺图缸（阎村遗址出土）

交叠起来，容易让人产生金乌负日、日中有骏乌这样的联想。20世纪五六十年代，北京大学考古专业师生曾在华县泉护村遗址发现一件陶鹰鼎，优美神骏，感觉简直就是庙底沟人充满活力之精神的写照。

庙底沟类型时期，在河南汝州的阎村遗址发现了一件奇特的彩陶，是在一件"伊川缸"上面，画了一条鹳鸟，得意地叼着一条鱼，旁边还有一柄斧钺，斧柄装饰复杂（图6-13）。严文明先生称其为"鹳鱼石斧"图，并说这象征了鹳鸟氏族战胜鱼氏族，而斧钺则指示军权的出现。这个解释非常出彩。但那个"斧"不知是玉还是石，而且有那么讲究的柄，就应该是钺了，不如改称"鹳鱼钺"图。前面我们谈到，半坡崇鱼，庙底沟尚鸟，庙底沟类型兴起后，就开始强势扩张，向西强烈影响到陕甘地区，使得原半坡类型变得和庙底沟类型很接近了，这或者就是庙底沟类型人群战胜半坡类型人群的体现吧！我曾经撰文论述半坡类型为炎帝族系的遗存，庙底沟类型为黄帝族系的遗存，那么，这件"鹳鱼钺"图，岂不就是传说中黄帝战胜炎帝的"纪念碑"？其实，在临潼姜寨等遗址，略早于庙底沟类型的时候，就已经在一些葫芦瓶上有"鸟鱼合体"的彩陶图案，如考古学家赵春青所说，存在一个从"鱼鸟相容"到"鱼鸟相战"的演变过程。

庙底沟式彩陶，在当时的中国有很大的影响，形成一个彩陶文化的圈子，它东达海岱，西至甘青，西南到四川西部，南达江湘，北逾燕山，已经和后世中国的主体范围差不多一般大了。而且这个文化圈分不同层次，核心区在晋西南、豫西及关中东部，花瓣纹彩陶线条流畅，设色典雅；向外是主体区即黄河中游地区（南侧还包括汉水上中游、淮河上游等），也就是除核心区之外的整个仰韶文化分布区，花瓣纹彩陶造型因地略异，线条稚嫩迟滞，其中偏东部彩陶多色搭配，活泼有余而沉稳不足；再向外是边缘区即黄河下游、长江中下游和东北等仰韶文化的邻境地区，时见正宗或变体花瓣纹彩陶，常见在当地器物上装饰庙底沟类型花纹，土洋结合。这个三层次的文化圈，为夏商乃至秦汉以后的中国奠定了基础，因此可称为"早期中国文化圈"，或者文化意义上的"早期中国"，简称"早期中国"。由于彩陶是这个圈子最鲜明的特征，也可以称其为"彩陶中国"文化圈。此前，严文

图 6-14　仰韶文化八里岗类型彩陶盆（雕龙碑遗址出土）　　图 6-15　仰韶文化八里岗类型彩陶盆（雕龙碑遗址出土）

明、张光直和苏秉琦等先生曾先后分别提出"重瓣花朵式"格局的史前中国、"中国相互作用圈"、共识的"中国"等概念，和我说的"早期中国"或"彩陶中国"的内涵大体一致。尤其严文明先生将早期中国比喻为盛开的重瓣花朵，与庙底沟类型彩陶盛行花瓣纹恰相呼应。

让我们看看庙底沟式彩陶的全国性影响。

庙底沟式彩陶向西可以到甘肃、青海、四川。比如秦安大地湾六千年前的彩陶，就和庙底沟的差不多。稍晚青海东部民和胡李家、四川西北部茂县波西等地的彩陶，虽然花纹比较迟滞，线条更加繁复，但仍然是庙底沟花瓣纹的基础。向北，花瓣纹分布到晋中北、陕北、内蒙古中南部等狭义的"北方地区"，最北到达锡林浩特甚至蒙古国东部，那些地方现在主要是草原戈壁，当年应该是水草丰美、适合发展农业的地区。向东北，通过张家口地区，一直影响到西辽河流域，使得红山文化彩陶有了类似花纹。苏秉琦先生曾有诗句"华山玫瑰燕山龙"，说的就是陕西华县附近的庙底沟类型和燕山地区红山文化的交流关系，红山文化就是中原和北方文化碰撞的结晶。当然，红山文化也有自身风格的彩陶，如重鳞纹、棋盘格纹彩陶等，类似的图案早先就刻画压印在当地陶器上，但花瓣纹彩陶图案却是受到仰韶文化影响的结果。可以说花纹是东北土著的，技术是中原传来的。

这种花瓣纹向南一直影响到豫南、鄂北甚至湖南北部。比如湖北枣阳雕龙碑出土的花瓣纹彩陶，大体是庙底沟类型的样子，但线条稚嫩，一个花瓣中又画多条细线，而且红、白、黄、黑多彩并用，光怪陆离，和豫西等地相比就显得"不地道"，有些西服搭配牛仔裤的感觉（图6-14、图6-15）。在更靠南的洞庭湖和三峡地区大溪文化的彩陶上，有些花瓣纹则是画在当地特色的器物上。外来文化在扩张影响中，会不断地跟当地的文化进行结合，出现一些地方性的特征。当然大溪文化本身还有自己风格的彩陶。同样的情况发生在海岱地区，在大汶口文化早期，一些当地特色的觚、鼓等陶器上面，也有画上花瓣纹的（图6-16），还有在类似仰韶文化的钵、盆上画彩的。彩陶图案本身描边、多线条、多色，别具特色。当然，大汶口文化还是存在不同于仰韶文化的彩陶图案，比如螺旋纹、梯纹、八角形纹等（图6-17）。其中，八角形纹最早发现于接近八千年前的湖南洪江流域的高庙文化，后来从湘西传到长江下游，再辗转从海岱传播到辽西甚至甘青地区，真可谓源远流长！究其原因，可能是因其所蕴含的四方八面等天文地理的知识系统被广大地区所认知的缘故。

就连东南的长江下游地区也有这类花瓣纹彩陶，见于安徽、江苏的崧泽文化等当中。但长江下游地区的彩陶更多还是自己的图案，喜好红、黄、白色搭配，很是鲜艳。我们看仰韶人的色彩是很简单的，

图6-16　大汶口文化彩陶壶
（大汶口遗址出土）

图6-17　大汶口文化彩陶豆
（大汶口遗址出土）

主要就是红、黑一色，这两种主色一直延续到战国秦汉。但黄河下游和长江下游地区史前时期却长期崇尚鲜艳多色，这和历史时期长江下游地区流行淡雅青瓷的传统形成鲜明对照。

以上是中国五六千年以前彩陶的概况，再看看西方。在中亚的土库曼斯坦南部，哲通文化之后，大约公元前4000年，是所谓安诺—纳马兹加一期（Anau-Namzga Ⅰ）文化，这个文化一改往日的直线纹彩陶，开始流行弧线三角元素构成的花瓣纹彩陶。再向西到东欧的罗马尼亚和乌克兰，这时候有很发达的特里波列—库库泰尼（Tripolje-Cucuteni）文化，也出现了饰有花瓣纹以及螺旋纹、折线纹等图案的彩陶。中亚和东欧的花瓣纹彩陶，和庙底沟类型彩陶形态近似且大体同时，让人不得不心生彼此有关联的念头，难怪近百年前瑞典人安特生会提出"中国彩陶文化西来说"。但这些地区和中国的陕甘等地相距数千公里，很难说他们之间真的有什么关系。不过，曾在陕西临潼姜寨遗址出土过六千多年以前的黄铜片，也是中国最早的铜器，但总归比西方人工冶铜的时间晚了一千多年，不排除从西方来的可能性。又曾在甘肃西和发现过一件花瓣纹彩的中间有穿孔的半球状陶器，考古学家李水城认为它其实就是"权杖头"，那可就很有意思了，因为权杖头在西方出现得很早，七八千年前就有了。中国这边用钺象征王权，西方则主要用权杖。如果这件东西确实是权杖头，那岂非说明中西之间在六千年前就存在交流？真相如何，目前还不能下定论。

三　彩陶之路——早期中西文化交流

从大约公元前3500年进入铜石并用时代开始，早期中国文化加速分化，在中东部地区彩陶渐趋衰落的同时，西部甘青地区彩陶却反而愈加辉煌起来，并与中亚等地开始了以彩陶为代表的文化交流，形成了史前的"彩陶之路"，拉开了早期中西文化交流的序幕。

这里还得说明一下。说中东部地区彩陶衰落，并不是说彩陶就突然不见了，只是不如以前发达，并且还大体沿着之前的彩陶脉络往前发展，直至消亡。实际上，这个时期有些文化的彩陶还是很有可圈可点之处的。比如，仰韶文化海生不浪类型的复彩彩陶之绚烂，秦王寨类型多色彩陶之绮丽，红山文化黑彩之庄严，屈家岭文化"晕染"彩陶之自然，都令人印象深刻。至于西部彩陶，最著名的就是甘青等地的马家窑文化彩陶，至青铜时代以后在当地演变为辛店文化、卡约文化等彩陶，其中辛店文化彩陶上的动物纹、羊角纹等，颇具畜牧文化特色。不过，公元前3500年以后的重点，我们还是放在马家窑文化及其"彩陶之路"方面。

20世纪20年代，安特生提出中国彩陶文化西来说，放在当时的考古学水平和历史环境下去看，是很容易理解的。上面说过，中国河南仰韶文化发现的彩陶，和土库曼斯坦安诺和乌克兰特里波列遗址出土的彩陶很像，按照安特生的说法，就是"实令吾人不能不起出于一源之感想"。但他紧接着又说"两地艺术彼此流传，未可知也"。因为那个时候还没有现代测年技术，不清楚中西方彩陶谁早谁晚，所以也就无法判断谁影响谁。但后来他还是提出了"中国彩陶西来说"或"仰韶文化西来说"，这大概是受到长期以来"中国文化西来说"的潜移默化的影响所致。中国文化西来说从17世纪就开始流行，很多人提出过中国文化来自埃及、巴比伦等地方。这些人可能觉得，如此伟大的中国文明，怎么可能独立起源？怎么可能与西方没有关系？这显然是一种西方中心主义的思维模式。安特生通过对仰韶遗址的发掘，提出仰韶文化是"中华远古之文化"，为中国文化的起源找到了本土基础，但紧接着提出西来说，让很多国人失望。顺便提一下，直至现在，彩陶文化西来说或中国文化西来说在一些人心目中还是很有分量的，这当中既有苏联学者瓦西里耶夫，也有不少中国人，这些人的共同特点就是缺乏考古学的基本素养。

安特生的中国彩陶文化西来说提出后，很多中国考古学家不以为然。比如李济先生就一直怀疑这样一条从西而东的"彩陶之路"的存在。裴文中先生早在1942年就指出新疆彩陶较黄河流域彩陶晚，同样怀疑"彩陶文化西来说"，但却提出存在史前时期"丝绸之路"的观点。1965年，苏秉琦先生明确指出仰韶文化、马家窑文化等包含彩陶的文化在甘肃境内的移动方向是自东向西而非相反。1978年，严文明先生发表《甘肃彩陶的源流》一文，厘清了甘肃彩陶文化的起源、发展和流变，清楚地展现了彩陶文化自东向西渐次拓展的生动图景，澄清了仰韶文化西来说的谬误。1982年，陈戈先生指出新疆彩陶东多西少、东早西晚的现象，显见彩陶流播主导方向是"西去"而非"西来"。这就是说，彩陶文化西来说基本上是不成立的，中国彩陶文化有自己的基础。现在我们知道，中国彩陶最早发源于万年以前，比西方陶器出现的年代都早。

当然，这并非说中西方彩陶文化之间不存在交流的可能性。2005年，根据彩陶文化从陕甘地区向河西走廊、新疆乃至中亚等地传播的现象，我曾提出过史前"彩陶之路"的概念。后来，我不但系统论述了彩陶通过"北道"向新疆、中亚的传播，还讨论了彩陶文化通过青藏高原"南道"向克什米尔地区的渗透，并划分出彩陶"东风西渐"的几个阶段。刘学堂先生也有过类似讨论。近年来，我发现中亚南部彩陶文化可能更早就对中国甘青等地产生影响，真正意义上的彩陶之路自然应包括彩陶的"西风东渐"在内。当然，彩陶之路不仅是中西方文化在彩陶方面的交流，还包括顺此通道在金属器、农作物、家畜、宗教、艺术、思想等诸多方面的交流。

我把"彩陶之路"分成五个阶段。

第一阶段，是大约公元前3500—前3000年的铜石并用时代，这个时候陕甘地区的彩陶向西扩展到青海和河西走廊东部，同时，中亚南部彩陶可能已经影响到甘青地区。

大约公元前3500年以前，庙底沟式的花瓣纹彩陶已经从中原和关中地区，扩展至甘肃大部和青海东部，公元前3500年以后，仰韶文化明显开始分化，甘肃地区的仰韶文化终于分化变异，形成最早的马家窑文化——石岭下类型，仍和庙底沟类型一样流行黑彩，图案元素仍为圆点、勾叶、三角纹，但线条繁复流畅，形成新的风格（图6-18）。

曾在青海最东部的民和县阳洼坡遗址，出土过类似庙底沟类型的花瓣纹彩陶，只是花瓣中有多个线条，应该到了庙底沟时代的末期，也就是公元前3500年左右。与其同出的，还有一件大菱形图案内部

图 6-18 马家窑文化石岭下类型彩陶（上杨村遗址出土）

装饰锯齿纹的彩陶盆，这样的奇特彩陶以前在中国没有见过，却在中亚南部同时期的纳马兹加二、三期文化当中非常流行（图6-19）。我推测青海的类似彩陶的创意，应当源自中亚南部。可以作为旁证的，是这一时期在甘肃天水的师赵村、傅家门遗址，发现了中国最早的绵羊、黄牛，而研究证明这两种家畜的发源地是在西亚。

马家窑文化可能部分与最早的羌人有关。"羌"字上头就是"羊"，可见西部牧羊人就是羌人的基本形象，当然现在知道羌人主要还是以种植小米为生的。"羌"从羊，而羊来自西方，说明羌人文化本身就具有浓厚的中西文化交流特色，也暗示羌人在此后的中西文化交流中必将扮演独一无二的重要角色。

所以说，这个时期是彩陶之路的第一阶段，标志着早期中西文化交流的开端。

第二阶段，是大约公元前3000—前2500年期间，在中亚南部已经进入青铜时代早期，在中国新疆和甘青地区仍属于铜石并用时代。这个时候，甘青彩陶文化向西扩展至河西走廊西部，西南向渗透到青藏高原东部边缘，进而远距离影响到克什米尔地区。

大约公元前3000年以后，甘青地区的马家窑文化石岭下类型发

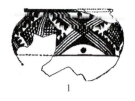  

图 6-19　仰韶文化和纳马兹加二至四期文化彩陶比较

展成了马家窑类型。在马家窑类型的彩陶上，还依稀有着庙底沟彩陶的底子，如螺旋形主题，圆点、勾叶、三角纹元素，但线条更为繁复、流畅，热烈流动，弥漫在整个器物上，弧线自然天成，横线平直苍劲，而有些线条末端锋芒毕露，跨越数千年，仍能感到作者挥毫绘彩时的淋漓酣畅（图 6-20、图 6-21、图 6-22）。马家窑类型的彩陶，达到中国史前彩陶艺术的巅峰！

马家窑类型不仅彩陶精美，而且极富开拓精神，其向西南和西北方向传播影响的程度之大、距离之远，在中国史前文化中罕有其匹。

马家窑类型彩陶从甘肃南部拓展至四川西北部的茂县、汶川一

图 6-20　马家窑文化马家窑类型彩陶瓮（三坪遗址出土）

图 6-21　马家窑文化马家窑类型彩陶尖底瓶（吕家坪遗址出土）

图 6-22　马家窑文化马家窑类型彩陶盆（水地陈家遗址出土）

带，见于营盘山、姜维城等遗址。有人甚至认为四川西北部的这类彩陶就是从甘肃直接贸易而来。但看营盘山等的彩陶，线条迟滞，有甘肃彩陶之形而失其魂，当为本地制造无疑。马家窑类型的影响还沿着青藏高原东缘的"藏彝走廊"一路南下，到达云南西部地区，不过已经不见彩陶了！

比这条线路更靠西，马家窑类型的彩陶到了青海的共和盆地和西藏的昌都地区。共和盆地同德县的宗日墓地，出土了两类风格迥异的彩陶。一类和甘肃的几乎一模一样，应该是甘肃来的工匠制造（图6-23）；另一类比较难看和"另类"，折线纹歪歪扭扭，所谓"变体鸟纹"更像个变形的大脚丫子，颜色也偏紫褐色（图6-24）。估计是"马家窑人"从甘肃来到这个地方的时候，当地早已有不会制造陶器的人群生活，他们彼此融合，既制作马家窑式精美陶器，也将当地一些有机质器物（难以保存至今）上的花纹复制到陶器上，制造出"另类"的"宗日"式彩陶。

在更远的西藏昌都卡若遗址，也发现了和马家窑类型近似的陶器，但彩陶已经不多见了。卡若文化人群也和马家窑人一样种小米吃小米，他们用的掐谷穗的爪镰或者石刀（古代正式的名称叫"铚"），和马家窑的很相似，就连刀背略下凹的细节都一样。可见公元前3000年左右马家窑人或者羌人已经登上了海拔3000多米的青藏高原东部边缘。

图 6-23 马家窑文化"马家窑"式彩陶瓮（宗日遗址出土）　　图 6-24 马家窑文化"宗日"式彩陶壶（宗日遗址出土）

这些马家窑人可能还沿着青藏高原南缘，一直跑到了遥远的克什米尔地区。在克什米尔布尔扎霍姆遗址（Burzahom）出土的陶器，跟西藏卡若的很像。他们使用的凹背双孔石刀，也和马家窑类型、卡若文化的基本相同。这类陶器和石器在克什米尔地区昙花一现，不久就被当地文化同化了。不过，公元前2000多年，在克什米尔地区还有小米的种植，可能羌人的文化传统还没有断绝吧！

当然，公元前3000年以来应该也存在从西向东的文化传播。比如在甘青地区发现的几件马家窑类型的舞蹈纹盆，大通上孙家寨的一件，五个人手拉手（图6-25），同德宗日的一件，十三个人手拉手（图6-26）。就跟现在西藏人跳锅庄舞一样，可能是一种宗教习俗。这种多人舞蹈图案，以前在中国内地从来没有发现过，但却在西亚和中亚地区长期流行，西亚九千多年前的岩刻上就有舞蹈纹。距离中国比较近的，是伊朗北部锡亚尔克（Sialk）遗址出土的舞蹈纹彩陶，年代也是在公元前3000年或稍早。另外，曾经在甘肃东乡县的林家遗址，发现一件测年接近公元前3000年的青铜刀，不排除受到西方青铜技术影响的可能性。

第三阶段，大约在公元前2500—前2200年。这个时候最重要的事件，就是中亚南部锯齿纹彩陶的长距离东渐，可能导致马家窑文化半山类型开始流行锯齿形彩陶。

半山类型彩陶当然是基于马家窑类型,但却发生了两个变化,一是出现黑色和红色两种颜色构成的复彩,而马家窑类型基本不见红彩,我们曾论述过,这个主要是东部内蒙古地区的仰韶文化海生不浪类型、雪山一期文化小河沿类型等向西远距离影响的结果;二是突然开始流行锯齿纹(图6-27、图6-28),这应该是来自中亚南部的土库曼斯坦等地的文化,上面说到更早的时候这类锯齿纹已经传播到了青海东部地区。这种半山类型的锯齿纹彩陶,当初安特生发现的时候,认为是专门给逝者制作的器物,锯齿纹就是"丧纹"。上世纪60年代,严文明先生带北大的学生到兰州青岗岔遗址发掘,挖了一座房子,里面就有锯齿纹彩陶,证明安特生的说法不正确。

公元前2000多年,在甘肃、中原甚至山东等地,已开始出现小麦,这也是发源于西亚的一种农作物。考虑到新疆现在发现的最早的小麦已经到了公元前3000年,可以推测小麦大致就是通过中亚和新疆传到甘青的。另外,此时在甘青地区陶器上出现了不少像尖顶帽子的符号,我叫它"尖顶冠形符号",类似符号在土库曼斯坦南部常见,也应当是西来的。可见这个时候锯齿纹彩陶的西来并非偶然。

第四阶段,就是大约公元前2200—前1500年,马家窑文化马厂类型的彩陶已经西向扩展至新疆的东部。

马厂类型是马家窑文化的最后一个阶段,彩陶粗犷,一种蹲坐的蛙形图案最具代表性(图6-29)。马厂类型被东来的齐家文化所压迫,

图6-25 马家窑文化舞蹈纹彩陶盆
(上孙家寨遗址出土)

图6-26 马家窑文化舞蹈纹彩陶盆
(宗日墓地出土)

图 6-27 马家窑文化半山类型彩陶壶（地巴坪墓地出土）

图 6-28 马家窑文化半山类型彩陶壶（地巴坪墓地出土）

图 6-29 马家窑文化马厂类型彩陶瓮（土谷台墓地出土）

图 6-30　四坝文化彩陶罐
（火烧沟墓地出土）

图 6-31　哈密天山北路文化彩陶罐
（哈密天山北路墓地出土）

一路向西，最西到达新疆的哈密盆地，发现于哈密的天山北路墓地等处。这说明这个时候新疆东部已经纳入了早期中国文化圈。之后马厂类型在河西走廊发展为四坝文化，在哈密盆地发展为天山北路文化（图 6-30、图 6-31、图 6-32）。同时，这个时候来自欧亚草原的青铜器和青铜技术对新疆、甘青、内蒙古甚至中原地区都有较大影响，有一种带倒钩的铜矛，属于欧亚草原塞伊玛—图宾诺（Seima-Turbino）遗存的东西，却突然出现在甘青、山西、河南等地。中国的马和马车也很可能就是这个时候从欧亚草原传进来的。在这次西方青铜文化影响的背景下，中国社会发生了较大变革，普遍开始进入青铜时代，进入夏王朝的晚期，我曾称之为中国的"青铜时代革命"。

第五阶段，大约公元前 1500—前 1000 年，彩陶从新疆东部向天山中部传播，甚至向中亚南部地区传播，促成了费尔干纳盆地楚斯特文化（Chust）的形成（图 6-33）。这里面的关键，就是哈密盆地的天山北路文化，它的彩陶来自甘青，这个时候开始西向传播。现在主要属于乌兹别克斯坦的费尔干纳盆地，虽然曾经有过彩陶，但在公元前 2500 年以后就消失了，一千年后彩陶的再次兴起，当与来自新疆的影响有关。当然，此时也有不少西方文化因素继续东传，比如人工冶

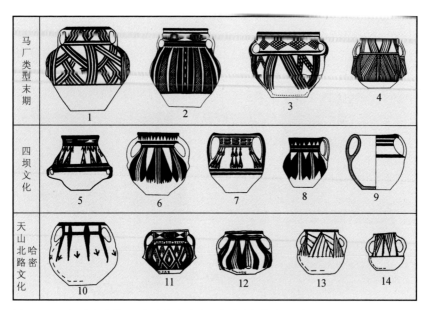

图 6-32　马厂类型末期、四坝文化和哈密天山北路文化彩陶比较

铁,传到新疆、甘肃等地,甘肃临潭磨沟墓地的人工块炼铁可以早到公元前 1450 年。

以上五个阶段的"彩陶之路",是距今 5000 多年以来早期中西文化交流的缩影。我们看到,有时候是"西风压倒东风",有时候是"东风压倒西风",总体上则是相互交流的态势,并不存在极端的中国文化西来或者西方文化东来的现象。

最后总结一下。最早产生彩陶的西亚、南亚和长江下游,都是最早出现农业的地方。其后彩陶文化从欧亚大陆东西两端向周围扩展,

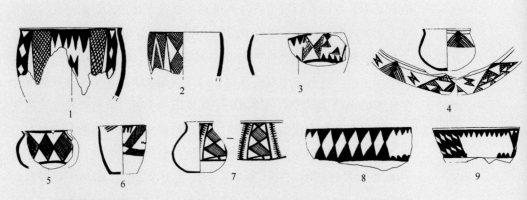

图 6-33　楚斯特文化彩陶

也都基本是伴随着农业文化的扩散，尤其是黄土高原一带，成为彩陶最发达的地区之一，所孕育的仰韶文化被誉为"黄土的儿女"。即便是克什米尔地区作为彩陶文化余绪的布尔扎霍姆文化，已经不见了彩陶，但仍是分布在黄土地区的农业文化。后来彩陶文化向天山南北绿洲地区扩展的过程中，畜牧业成分逐渐加入进来，但农业始终占据重要地位。从这个意义上，可以说史前彩陶文化基本都是农业文化。也只有定居程度较高的农业社会，才能满足彩陶创作所需要的优裕时间，才能提供彩陶使用和储藏所需的稳定条件。

互动环节

问：如何区分彩陶图案的相似性，仅仅是偶然的相似，还是传播的结果？

韩建业：研究物质文化交流时，这是非常关键的问题。这里需要注意三点，第一，需要通过考古学研究，搞清楚每个地区各自的考古学年代和文化谱系。如果某种比较复杂而特殊的文化现象，在甲地出现很早，且传承有序，而在乙地较晚突然出现，那么，就存在从甲地传播到乙地的可能性。第二，需要把二者之间可能存在的传播交流路线搞清楚。史前的传播交流，基本都是因为人群不自觉的迁徙移动所达成，那样就一定会有个一步步移动的路线，如果搞清楚了，就落到实处了。第三，传播交流一般都是"包裹式"、一揽子的。也就是说，一般不会只有一种因素传播过来，因为人群的移动过程中，会创造和用到很多东西。因此对于孤证，要特别慎重。

问：小口尖底瓶，在国博古代文明基本陈列展中有展出，国博的解说词说这种瓶子的功能是用来汲水，但现在有观点认为它不是汲水的，不是实用器，而是礼器，您怎么看待这个问题？

韩建业：这是一个老问题。国博的解说词，中小学课本，都说它是汲水器。可是要知道，小口尖底瓶大一点的高有七八十厘米，空着的时候就很沉,力气小的估计连空瓶子都拘不起来,怎么打水?拿那么小口的瓶子打水不大可能,也不符合基本的常识。我们发现过各个时期的很多打水的罐子,口都比较大。其实早在上世纪90年代,著名考古学家苏秉琦先生就明确提出小口尖底瓶是酒器,还说"酉"这个字就是尖底瓶的象形,加三点水就是"酒"。既然是酒器,就可能有着礼仪上的功能,但也不能说就不是实用器。在西方,很多装酒的器具也都是尖底小口,小口是为了避免酒精挥发,尖底长体可能是为了方便存储运输。庙底沟类型的尖底瓶的口部还多出一道棱,考古学家叫它环形口或者双唇口,其实就是为了方便塞绑瓶口。近几年美国斯坦福大学的刘莉教授和她的学生,对尖底瓶中的残留物做了分析,认为与储存酒有关,证明苏秉琦先生的观点是对的。

问:刚才提到尖底瓶有礼器的功能。我们一般认为陶器是普通用具,陶器有没有可能是礼器?中国的彩陶里有没有礼器?

韩建业:严格来说,礼器应该是体现礼制的器物,而礼制就得有节制,什么级别用什么器物、用几件,都得守规矩。什么好东西都往墓里堆,固然体现贫富分化,但并非礼制的体现,那些高贵的物品也不是严格意义上的礼器。当然在广义上,这些体现等级的器物也就被当作礼器。小口尖底瓶是酒器,有实用功能,但跟礼仪也有关系,包括祭祀、宴飨等。其他一些精致陶器,比如龙山文化的蛋壳黑陶杯、白陶鬶,只在高规格墓葬出现,而且墓葬规格越高,这类精致陶器越多,应该就是所谓礼器了。彩陶也有用作礼器的时候。比如,红山文化晚期,在牛河梁等大型祭坛的周边,插一圈彩陶的无底筒形器,或许具有沟通天地的功能,是典型的宗教用器。牛河梁出土的带盖的彩陶罐,精美异常,也应当不是普通用器。再比如,大汶口文化晚期,有些大墓中随葬有很精美的彩陶壶,而这个时候一般的大汶口文化遗址已经完全不见彩陶了,所以这种精美彩陶就是专门为贵族做的随葬品,也算是具有礼器性质吧!

问:您提到中国彩陶多元一体,仰韶文化庙底沟类型的花瓣纹有向四周传播的过程，传播到江浙，江浙文化有没有反作用于仰韶文化？

韩建业：江浙地区的彩陶对中原地区的彩陶有一定的影响，但到不了庙底沟类型的核心地区。江浙地区对中原地区反作用最明显的，不是彩陶而是钺。所以有人认为，六千年前不只是中原文化向外影响，形成以中原为核心的圈子，还有由于钺的对外影响形成的以江浙地区为核心的圈子以及其他的圈子。这其实就是苏秉琦和张光直先生的观点，强调互相影响，但不认为中原有什么特殊性。我和严文明先生、赵辉先生一样，更强调中原的核心地位和特殊作用。用严先生的"重瓣花朵式"的史前中国格局来说，中原就是花心，周围是第一重花瓣、第二重花瓣……

编后记

在不少朋友看来，作为一个史学工作者，应该无所不知，无所不晓。所以常会遇到希望我就某个物件、某座建筑、某个现象讲一讲的朋友。我自己知道，在物质文化世界里，一只碗、一双筷子、一片茶叶、一座石碑、一尊雕塑……都有它的历史，都有它源远流长的文化，可是我真的知之不多。当我木讷无言之际，于人而言是尴尬，于己而言是羞愧。"一物不知，儒者之耻"，固然是一个遥不可及的目标，也的确是一个自我鞭策的动力。作为一个史学工作者，很多理工方面的知识不知道尚可理解，但是人文领域的常识性知识如果不知道，确实不太合适。可是每当我就某一个主题去查阅相关书籍时，可以比较轻松地找到研究性论著，浅显易懂的普及性书籍却不多见。近几十年来，中国人文学术界的从业者在知识的生产方面取得了前所未有的成绩，但是对知识的传播不甚重视。像我这样能轻松利用图书馆的研究者，对一些常识性知识的获得尚感不便，更何况很多并不能每天都随意进出图书馆的人。所以在我心里，逐渐有一个声音出现，那就是应该重视物质文化常识性知识的传播普及。既为己，也为人。

近几年来，学院为了提升本科生培养质量，逐步构建了一套与中国史课程同步的历史现场考察教学体系，力求课堂教学与课外教学有机互动，理论知识与感性材料良好结合。这种尝试在人才培养方面取得明显效果的同时，也逐渐显现出一些需要改进完善的地方。在历史现场教学过程中，同学们可以接触到各种各样的物质文化遗存，如陶器、青铜器、瓷器、玉器、佛教造像、古建筑、碑刻等。但是由于缺乏相关知识的积累，同学们对这些物品的源流、形制、用途大多不能深入了解。有些同学表示，看到了很多文物，却看不懂文物，不能参透文物背后的历史与文化，在此情况下进行的历史现场教学，不能完全达到预期效果。同学们希望能在教学前于常识性知识方面有所铺垫。经过分析，发现同学们对这些器物缺少常识性认识，有其客观因素：一是当前历史学科大学低年级的课堂教学，往往偏重于政治、经济等内容，物质文化等方面的内容比较少；二是虽然互联网时代知识的获取比以往更加容易，但是往往鱼龙混杂，不易辨识。如何让同学们快速高效地提升常识性知识水平，成为一个亟待解决的问题。

当个人学习提升过程中的困惑和工作中遇到的难题汇合后，我感觉这确实是一个重要又急迫的工作。2018年暑假，经过思考斟酌，就产生了组织"中国物质文化常识"系列讲座的念头。当时想，如果按照同学们历史现场教学最常见的一些物质文化遗存，分成几个主题，然后每个主题都邀请高水平的专家学者就这一主题的常识性知识举办讲座，可以达到高效权威的教学效果。有此想法后，我先后和吕学明、韩建业、李梅田、刘未等几位老师进行了沟通。几位老师是考古学领域里卓有建树的学者，且都对教学工作相当重视。他们对我的这一想法非常赞同和支持，不仅允诺自己承担一讲，还帮忙进行了组织规划。最终，我们将这个系列讲座的主题确定为八个：墓葬、陶器、青铜器、玉器、碑刻、佛教造像、古建筑、瓷器。李梅田老师负责讲墓葬，韩建业老师负责讲陶器，吕学明老师负责讲青铜器，刘未老师负责讲瓷器。玉器和古建筑两个主题，韩建业老师和刘未老师帮忙介绍了北大考古文博学院的秦岭、徐怡涛两位老师。两位老师的科研和教学水平享誉学林，虽素未谋面，但听到是为提升人才培养质量的工作后，欣然接受了请求。碑刻主题邀请了南开大学历史学院的夏炎老师，佛教造像主题邀请了中国人民大学艺术学院的张建宇老师。两位都是在各自领域科研教学兼优的青年教师代表，也是我的好朋友，接到请求后皆爽快应允。在我和各位老师初步沟通后，将这个想法汇报给学校教务处龙永红处长等老师，龙老师和李向前老师立即表示肯定支持，并将这个系列讲座纳入"中国人民大学通识教育大讲堂"中，予以资助。

系列讲座从出现想法到全部落实，不足一个月的时间。整个过程，于我而言是一个愉快又感动的经历。沟通的顺畅充分让我愉快，各位老师对教学的投入认真让我感动。此次承担讲座的八位老师，都是孜孜以求地进行科研，热情投入地进行教学，默默为国为校为学生奉献的优秀老师：我亲见吕学明老师指导同学们刮地层，蹲在探方里半个多小时不起身，满头大汗都顾不上擦；徐怡涛老师多年坚持带领学生对古建遗存进行实地考察，脚步遍及大半个中国，去年获得了国家级教学成果奖；韩建业、李梅田两位老师多年来在教学方面投入了大量精力，也各自取得了优秀的成绩；秦岭老师多年来指导学生进行田野考古实习课程，备尝艰辛；夏炎老师多年来坚持指导学生查访碑刻、释读碑文，细致用心；张建宇老师为察访佛教造像，足迹遍布世界各地，可谓倾尽心力；刘未老师近年来克服诸多困难，坚持带领本科学生在晋东南等地进行田野调查。近两年来，和教务处诸位老师的工作交流越来越多，充分感觉到诸位老师的真诚热情和为了推进学校本科教学发展而殚精竭虑。

当系列讲座消息公布后，受到了校内外广泛的关注。学院本科教学公众号发布的讲座总海报，阅读人数接近4000人，不少已经工作的朋友都希望能来聆听讲座。三联书店的编辑也通过朋友联系到我，希望能将演讲集出版，以飨广大未能现场聆听讲座的朋友。经过和几位老师沟通，虽然额外增加了工作，但是老师们为了能将知识传播给更多感兴趣的朋友，都同意了。讲座如期顺利举行，各位老师认真准备，效果良好。在讲座进行过程中，我才感到了三联编辑的提议是多么富有远见。这些内容丰富的讲座，仅仅听一次，并不能完全消化，需要结合着图文并茂的书籍，再次学习体会。各位老师在讲座录音稿的基础上，对内容审核丰富，精心挑选配图。虽然讲座我全部认真听过一遍，但是再次阅读各位老师的整理稿，感觉又有新的收获。我意识到，这本演讲集非常适合作为学院本科生历史现场教学的教材，而且最好能够成为一个系列。我将这种想法和本书责编沟通后，他相当赞同。于是，从一个系列讲座扩展到一本书，又从一本书扩展到一个小小的丛书。这就是"走向历史现场"系列的来龙去脉。

第一部本计划在2020年面世，不曾想突如其来的疫情打乱了计划。俗语讲，"好饭不怕晚"。在经历了不平凡的2020年后，这部《中国物质文化常识》（初编）终于面世了。经过责任编辑细致用心的编排，可谓赏心悦目，轻松愉快！颇为遗憾的是，吕学明和刘未两位老师的演讲稿，由于图片版权等问题，未能正式出版。就在这部书编辑的过程中，这个系列的第二部——《中国古代物质文化常识》（二编）也在紧锣密鼓的筹备中。希望在各位专家学者的大力支持下，能将"走进历史现场"系列建设成为普及中华优秀历史文化的精品书系。

一路走来，满心感动和温暖。也希望这种感动和温暖，能够传递给广大读者。人类发展浩浩汤汤，唯有文化生生不息。中国文化绵延不绝，历久弥新。希望新时代的国人，能够不断提升对中国文化的了解与敬意，在了解中承旧，在温情中开新。

姜萌

2021年3月8日